胡惟庸

恃才自肆的末代宰相

李应全 著

辽宁人民出版社

© 李应全　2026

图书在版编目（CIP）数据

胡惟庸：恃才自肆的末代宰相 / 李应全著. -- 沈阳：辽宁人民出版社，2026. 1. -- ISBN 978-7-205-11586-9

Ⅰ．K827=48

中国国家版本馆 CIP 数据核字第 2025PK2695 号

出版发行：辽宁人民出版社
地　　址：沈阳市和平区十一纬路 25 号　邮编：110003
电　　话：024-23284191（发行部）　024-23284304（办公室）
http://www.lnpph.com.cn
印　　刷：固安县云鼎印刷有限公司
幅面尺寸：145mm×210mm
印　　张：7
字　　数：125 千字
出版时间：2026 年 1 月第 1 版
印刷时间：2026 年 1 月第 1 次印刷
责任编辑：赵维宁
助理编辑：金美琦
封面设计：乐　翁
版式设计：一诺设计
责任校对：郑　佳
书　　号：ISBN 978-7-205-11586-9
定　　价：39.80 元

序 言

明洪武十三年（1380）正月初六，春节还没过完，烟花爆竹的硝烟还未散尽，刚刚回到岗位的群臣就上奏：请求诛杀关在大牢里的胡惟庸等人。

早已按捺不住性子的朱元璋御笔一挥，赐予左丞相胡惟庸死刑。

很快，刽子手将胡惟庸在南京处死。胡惟庸远在安徽定远老家的三族亲属，尽数被杀。

胡惟庸一生的故事颇为曲折、惊险、刺激，精彩如一部长篇小说。除了朱元璋和刘基以外，谁都无法预料到他最终的结局。

神算子刘基还是有先见之明的。朱元璋曾问刘基：胡惟庸是否适合做丞相？

刘基回答："小犊耳，将偾辕而破犁。"

胡惟庸——恃才自肆的末代宰相

果然，胡惟庸就如初生牛犊，拉车车要翻、犁地犁要破，简直是干啥啥不行。

读明史，胡惟庸是个响当当、牛哄哄、惨兮兮的人物。研究中国政治史，胡惟庸是个绕不开的话题，因为他是中国最后一任丞相，百姓更习惯叫丞相为宰相，所以胡惟庸也被称为中国末代宰相。宰相的权力在古代非常大，而对胡惟庸来说，他越是想要揽权，死得越快；权力越大，脑子越发迷糊。

胡惟庸案是明代初期一件石破天惊、影响深远的大事。不光胡惟庸本人遭殃，也揭开了朱元璋大杀功臣的序幕，党狱前后长达十余年，功臣宿将几乎被杀得一干二净，三万余人（此为《明史》说法，也有四万多人一说）在胡惟庸案和李善长案中失去生命，其中包括很多受牵连的无辜之人。

这一大事件，为后世留下许多疑问：胡惟庸苦苦奋斗了一生，终于熬成了"官王"，为什么做官的尽头是掉脑袋？朱元璋为什么要冒天下之大不韪，不仅大杀一起出生入死的功臣，还要废除丞相制度？

按笔者的思考，可以一言以蔽之：为了朱家天下。

一

胡惟庸悲剧结局的根本原因，是他作为丞相碰到了历史上权

序 言

力欲望最强的皇帝朱元璋。

朱元璋反思元朝失败的原因,认为:"前者元失其驭,群盗暴作,君昏臣权,天下鼎沸,终不能定,朕乃平之。"还对左相国徐达等人说:"元氏昏乱,纪纲不立,主荒臣专,威福下移,由是法度不行,人心涣散,遂致天下骚乱。今将相大臣辅相于我,当鉴其失,宜协心为治以成功业,毋苟且因循、取充位而已。"(《明太祖实录》)

因此,朱元璋采取了与元朝不同的统治方法——凶猛治国,铸造铁榜,以严驭下。

君和臣是相辅相成的关系。封建社会时期,皇帝拥有至高无上的权力,而宰相作为皇帝的助手、维护皇权的工具,是替皇上分忧的角色,"卿等为宰相,当法古昔,致君于圣贤"。

在历史上,一些有作为的皇帝会采取相应措施来削弱相权、增强君权,既能保证皇帝的权威,又能保证宰相发挥作用,使宰相成为皇帝的左膀右臂、一面镜子,以保持政治稳定、促进经济社会发展。

在治理国家的过程中,君主需要给予宰相相当大的权力,使其能够发挥专业才能,有效地处理国家事务。而君主享有主宰一切的权力,确保国家的重大决策符合自己的利益,确保丞相贯彻落实自己的决策。

君臣之间是"相爱相杀"的关系。如何调和君权和相权的矛盾,是封建社会一个重要的课题。

在实际操作中,君权和相权的权力边界并没有绝对的标准,往往会出现交叉重叠的部分或者是模糊地带。

在这个权力的模糊地带,极易产生君权和相权的矛盾。在君强相弱的正常情况下是如此,在君弱相强的不正常情况下更是如此。

一方面,如果君权过于强大、相权过于弱小,将导致宰相无法有效地行使管理政府部门的权力,政府部门效率低下。这在历史上很常见。如果皇帝独断专行,进而决策错误,将会导致政治不稳定,甚至引发社会动荡。

另一方面,如果相权过于强大、君权过于弱小,会导致宰相专权,皇帝成为傀儡,君不像君、臣不像臣。宰相的权力难以受到有效制约,皇帝大权旁落、朝廷政治腐败,这是所有君王不愿意看到的,并想方设法阻止其发生。这种情况一般出现在皇帝年幼登基和朝代衰世之时。

例如东汉末年的曹操,手握军事大权,迎接汉献帝刘协至许县加以控制,而他自己总揽朝政,"挟天子以令诸侯",于建安十三年(208)上位丞相。其子曹丕步步紧逼,上演鸠占鹊巢的戏码,继任丞相、再封魏王,更是逼迫汉献帝禅让,自己当了皇

序 言

帝，建立曹魏。

又如，大明万历皇帝朱翊钧10岁登基，由于年幼，其在位前十年由母亲李太后代为听政，李太后又将一切军政大事交由张居正主持裁决。张居正在担任内阁首辅（不是丞相，只是类似相权）的十年里，实行了一系列改革，使国家中兴。然而，张居正一病逝，万历皇帝立即对他展开清算，又是抄家，又是饿死其家族，未尝不是君权对相权的报复？其原因正是功高震主："而威柄之操，几于震主，卒致祸发身后。"

因此，加强自己权力、削弱丞相权力，既利用其才能又控制其臣服，就成了君主们的必然选择。就如同马戏团的老板，要让老虎为自己赚钱，首先得把老虎驯服，把铁链拴牢。

二

到了朱元璋这里，君主和丞相的关系成了一道解不开的魔咒。

在处理君权和相权的矛盾上，朱元璋表现得非常激进，绳子拴得格外紧。对当过中书省实际负责人（包括丞相、中书左丞）的人，除了服服帖帖的徐达外，一旦使用谁不顺手，一转身就把他们处理了。

淮西集团的重要人物徐达之所以能够安然无恙，在于他对朱元璋小心翼翼、忠心耿耿，担任丞相期间基本都是在外领军作战。

元至正二十四年（1364），徐达任中书省左相国，在众将中排名第一，领军对付张士诚。朱元璋登基称帝时，徐达被封为中书右丞相，仍领军继续北伐。明洪武三年（1370），徐达率西路军出征，打败扩廓帖木儿，十一月班师回朝，仍担任中书右丞相。徐达后来长期在北平、山西一带练兵，镇守北平十几年，为自己的女婿燕王"筑巢"。

徐达的丞相职位相当于一个虚职，只是挂个名而已。朱元璋需要徐达的军事能力，而徐达对朱元璋又谨小慎微地对待，君、相二人同理朝政的机会很少，发生摩擦的情况也就少，因此君权和相权不存在什么矛盾，两人之间相安无事。

然而，相继担任中书省实际负责人的李善长、杨宪、汪广洋、胡惟庸等人，就没有这么好的运气了。

淮西集团的领头羊李善长在退休之前功劳很大，得到的赏赐甚至盖过徐达。他一路提拔胡惟庸，维护淮西集团利益，为自己的后续铺路。但李善长退休后，因为与胡惟庸一荣俱荣、如胶似漆的关系，被扣上谋反的罪名而结局凄惨。

李善长虽功成身退但未能保住晚节，朱元璋逼死他似乎有兔死狗烹的意味，此情此景，正应了《咏史诗·上蔡》中的慨叹：

序 言

上蔡东门狡兔肥，李斯何事忘南归。

功成不解谋身退，直待云阳血染衣。

（唐代胡曾《咏史诗·上蔡》）

只是秦代李斯真的参与了沙丘政变，而李善长却未必是真的谋反。直到明末政权摇摇欲坠之际，朝廷终于为李善长平反。

"特务"出身的山西人杨宪，则是这几个政坛大佬中最莽撞的一个。他靠"特务"手段帮助朱元璋站稳了脚跟，因此受到信任。

杨宪担任中书左丞后，任用亲信，专决省事，还指使御史弹劾政敌、排挤汪广洋等人。他在与李善长、胡惟庸、刘基等人的斗争中屡出险招、损招，因为鲁莽躁进、贪权过胜，为朱元璋所杀。

而从地方上来到南京担任右丞相的江苏人汪广洋，则是另外一种风格——知雄守雌。

越往上走，张力越大。处于充满强大张力的政治围城里，困在城里的人出不去，待在城外的又想冲进来。他这种软骨头，是否能够存活下来呢？

汪广洋在内外夹击下势单力薄，在斗争中屡败屡战，选择了屈从现实、无为保命。但因为庸庸碌碌、无所建树，被要求颇高

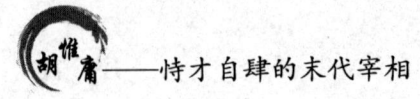

的朱元璋惩处，最后在贬往海南的途中被赐死。

汪广洋没有挑战君权，他的罪名是不能有力地维护君权。作为皇帝的帮手，不够称职同样活不成。

因为专制君主最关心的始终只有一件事——我的位子是否安稳。这就是君主专制制度的弊害——"乱天下者惟君"。正如明末清初思想家唐甄所说，皇帝是一切罪恶的根源，"乱天下者惟君"，"自秦以来，凡帝王者皆贼也"，"杀一人而取其匹布斗粟，犹谓之贼；杀天下之人而尽有其布粟之富，而反不谓之贼乎"。他们为了夺取、保住皇位无所不用其极。唐甄在《潜书》中提出在封建专制制度下，表面看来是大将杀人、偏将杀人、卒伍杀人、官吏杀人，其实都是皇帝杀人。

淮西集团的重要人物胡惟庸则相当狡猾，处处与朱元璋斗智斗勇。他在明面上曲意迎合、甚得君心，得以长期担任中书省负责人，一路官至左丞相，然而暗地里却是"两面人"，在中书省说一不二，对上边的朱元璋实行信息垄断，对下则大肆贪污腐败。

胡惟庸这种巧为掩饰、大过无形的做派，正是朱元璋所厌弃的小人、邪人之举："君子之过虽微必彰，小人之过虽大弗形。盖君子直道而行，固无所回互；小人巧于修饰，固多所隐蔽。""凡邪人之事君，必先结以小信，而后逞其大诈。"（《明太祖实录》）

序 言

但从私杀马夫、毒死刘基、迫害仇家等事件来看，胡惟庸并非真正老谋深算之人，甚至有点心急，以致屡屡失态。

因为在君权和相权的模糊地带玩得过火，胡惟庸背负十几项罪名，被扣上谋反的帽子而遭诛，引发了官场上的一连串大屠杀。

可见，不管能力有多强、野心有多大，在朱元璋那里，任何丞相都像是孙猴子翻筋斗云，永远跳不出如来佛的手掌心，更何况是挑战君权了。

"君主既必须是一只狐狸以便识别陷阱，又必须是一头狮子以便使豺狼畏惧。"（《君主论》）朱元璋正具有这样复杂的特性，这个无所不能、风格多变的"多面手"，类似"狐狸＋狮子""圣人＋流氓""君子＋小人"等身份的复合体，在正反两个方面都很极端。

三

朱元璋是为了废除丞相制度而杀丞相，还是因为丞相该杀而废除丞相制度，或许每个人解读不同。但笔者相信，朱元璋是一个为达目的不择手段的人，类似马基雅维利主义，注重权术和谋略，只要目的正确，可以不择手段。

至少在朱元璋时代，朝廷上本无丞相谋反，但是朱元璋成天忧危积心、疑神疑鬼，一旦发生政治误判，就可能人为制造丞相

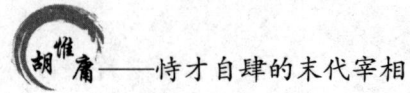

谋反的陷阱。

丞相作为百官之首,是中国自秦代以来就有的制度。难以想象,一个国家没了行政首脑——丞相,它将如何顺畅运转?

但是,世界上就没有叫花子皇帝朱元璋不敢干的事情。他无法容忍丞相侵蚀他的权力,竟然突发奇想,以胡惟庸案为契机,一改延续千年的政治制度,废除中书省和丞相制度,皇权由此走向了巅峰。他的奇特方法是:以大化小,分权于六部、五府、都察院、通政司、大理寺等部门,大权集于一身,中央各部门互相制衡,犹如众星托月一般,都为他的家天下服务。

朱元璋废除丞相制度,更多的是出于他对权力的追求和掌控,避免重蹈历史上皇权旁落的覆辙。他维护权力的欲望极强,对于任何可能威胁到他权力的人,都会毫不手软地预先采取果断的行动,不惜给犯小罪的对方扣上谋反的大帽子。而当时的丞相,作为皇帝手下权力最大的官员,在朱元璋眼里,他们的一丝不忠诚行为就会对皇权构成威胁。朱元璋希望通过永废丞相的方式,将所有大权集中到自己手中。

胡惟庸案,消除了君权和相权之间的矛盾,对明代、清代的历史影响是非常深远的,在历史的长河中闪耀了一千多年的丞相职位就这样消失了。

丞相没了,无人能侵蚀朱元璋的皇帝权力。除了朱家人,没

序 言

人敢觊觎皇帝宝座了。这下,朱皇帝不那么"忧危积心"了吧?

他自己这一代的确无忧,但是,后来的发展并非一帆风顺。

从近看,没有保住皇孙的大位。

靠一个胡惟庸,牵连了几万人,一张张谋反罪的大网如瘟疫一般不断蔓延,几乎将元功宿将一网打尽,政府军队的战斗力随之降低。随着朱棣起兵、靖难师起,南军因缺乏杰出的将才领导而一败涂地,明惠帝朱允炆为此痛失皇位,在放一把大火烧了皇宫之后,本人不知所终。就像树上的乌鸦,本来要把一块肥肉交给孙子吃,却被树下等待的狐狸朱棣横插一脚,把肥肉叼走了。

向远看,废除丞相制度这种极端的集权行为,负面作用也不小,不仅造成政治上的各种脱节、混乱和由此引起的动荡,也为明朝中后期皇帝怠政(也是没有丞相辅佐造成的)、宦官专权埋下伏笔。作为补救,朱棣创设了内阁首辅制度,但其作用远不及丞相。

朱元璋以凶猛手段治国,以淋漓的鲜血浇灭他的不安和怒火,然而因此死去的几万人,又承受了多少冤屈和不公?

当然,朱元璋不是昏庸之君,也知道大杀功臣不好。

他曾问侍臣汉高祖和唐太宗哪个更优秀,侍臣说汉高祖刘邦更优秀。朱元璋却说唐太宗李世民更优秀,理由是汉高祖"内多猜忌,诛夷功臣,顾度量亦未弘远。太宗规摹虽不及高祖,然能驾驭群臣,及大业既定,卒皆保全。此则太宗又为优矣。"(《明太祖宝训》）可见，朱元璋也认为汉高祖"内多猜忌、诛夷功臣"做法苛刻，不及不杀功臣的李世民。尽管有这个认识，但是在实际行动上，比起刘邦杀燕王臧荼、韩王信（韩国太尉）、楚王韩信、梁王彭越、淮南王英布等异姓诸侯王，朱元璋杀的功臣数量更多，招数也更损。同样是免死狗烹，巩固家天下皇权的本质是一样的，但是刘邦诛灭异姓诸侯王是为了解决地方割据问题，而朱元璋则旨在彻底清除朝中的功勋集团，建立前所未有的绝对皇权体系。

胡惟庸只是朱元璋维护皇权的一个牺牲品、祭品。胡惟庸案反映了当时政治环境的高度紧张和皇权对相权的严格控制。然而，历史是一幅复杂多姿的画卷，有其内在的发展逻辑，每个历史人物都有其独特的背景和故事。胡惟庸的专权，可能是出于人性对攫取权力的贪婪欲望，也可能是出于维护淮西集团利益的需要，许多历史谜团有待解开。对于胡惟庸的评价，我们需要进行更深入的研究和探讨，需要用开放和全面的眼光去审视和理解。

胡惟庸的曲折故事，正昭示了《老子》之说："持而盈之，不如其已。揣而锐之，不可长保。"

李应全

2025 年 1 月

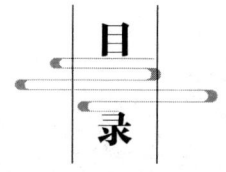

序　言 / 001

第一章　泼天的富贵

一、结识贵人，飞上枝头 / 002

二、三百两黄金换京官帽 / 019

三、吹灭别人的灯 / 026

四、朱重八的"潜规则" / 044

第二章　十面埋伏

一、哑巴吃黄连 / 054

二、不是所有家奴都能收买 / 064

三、神算子失算了 / 071

四、"躺平"装死真的会死 / 081

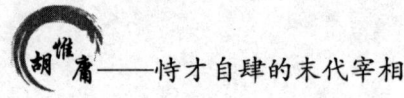

第三章 大坑套小坑

一、跌入权臣的大坑 / 090

二、陈烙铁 / 098

三、擅乘驿车的人 / 102

四、排名第二的侯爵 / 109

第四章 天威难测

一、一群失意者 / 116

二、连皇帝都敢暗算 / 120

三、最信任的人却最不可靠 / 122

四、被历史忽视的商嵩 / 127

五、不只是大清洗 / 130

六、城门失火，殃及池鱼 / 144

目 录

第五章 大权在握

一、"敢议立丞相者，杀" / 158

二、无言的结局 / 166

三、引爆蓝玉案 / 182

四、真相的 N 种解读 / 185

附 录 / 203

第一章
泼天的富贵

胡惟庸，是个"奸臣"。

明朝初期的左丞相胡惟庸，在清代人修订的《明史》中就是这么被定义的，这反映了传统政治眼光对他的看法。

《明史》中说，明朝时期，大多数巨奸大恶之人都出自宦官（寺人、内竖），而外廷诸臣中奸恶的人则数量稀少，像胡惟庸这样的权臣还是特例。

一、结识贵人，飞上枝头

胡惟庸，安徽定远人，出生年月不详。

定远这个地方说起来有些神奇，历史上出了好几个宰相，有"将相故里"的美称。大概它距离南京、杭州还不算远，人们喜欢到政治中心做官，沾了不少"王气"。

定远出的第一个相国便是东汉人令狐子伯。他流落定远藕塘，于山上寺庙求食，没想到有一天官至楚国丞相。今日的藕塘令狐山庙会、令狐山景区、令狐塔都与他有关。

南宋，又出了清官、右丞相兼枢密使董槐，曾经率军抗元。

元末明初，便出了李善长、胡惟庸。

第一章 泼天的富贵

胡惟庸加入朱元璋的反元队伍时间较晚。朱元璋转战安徽和州时，胡惟庸闻风来归附。

此时，天下争霸的淘汰赛已经开始，"庄家"元朝在经历幼年、青年、中年、老年时期之后，历史周期律已经发生作用，群雄并起之下，元朝气数已尽，几乎走到穷途末路。

元朝的大厦摇摇欲坠，但是再腐朽的势力都不会自动退出历史舞台，元军还保持着相当强的战斗力，王保保等大将的指挥能力依然碾压初生的起义军。

一股新生力量出现在淮西。元至正十二年（1352）春二月，安徽定远人郭子兴、孙德崖及俞某、鲁某、潘某等人起兵反元，自称元帅，占领了安徽濠州。

乱兵四起，大家为了活下去，到处抢劫。朱重八栖身的皇觉寺毁于一把大火，众和尚一哄而散，各自逃荒。昔日的叫花子、当时的穷和尚朱重八走投无路，听说郭子兴拉起了人马反元，便投奔了濠州城里的郭子兴。

朱重八加入郭子兴的部队后，作战勇敢，地位逐渐上升，并娶了郭子兴大帅的养女马秀英为妻，改名朱元璋，从此开启了他的"开挂"人生。

但是天下争霸之际，起义军不仅要对抗元军，各起义军之间也弱肉强食、互相残杀。安徽濠州城中环境恶劣，红巾军五个元帅不仅不抱团抗元，反而像五个螃蟹一样互掐，争权夺利，陷入苦斗。

郭子兴在濠州城的斗争中并不占上风。孙德崖曾和赵均用绑架郭子兴，郭子兴被打得遍体鳞伤，幽禁在地窖里等死，最终为朱元璋所救。彭大和赵均用的部下毫无军纪，如同土匪一般，加上城中极度缺粮，朱元璋害怕会招来大祸，思忖：与其内耗下去自相残杀、饿死，不如另起炉灶，到外地发展壮大自己的军队。

元至正十三年（1353）冬天，朱元璋率领儿时伙伴徐达、汤和以及心腹等二十四人离开濠州的郭子兴，南下定远。这二十四人就是后来赫赫有名的"淮西二十四将"。

其间，朱元璋尽管生病抱恙，身体极为虚弱，连走路都困难，但在短时间内说服了几个山寨，将队伍扩充到两万多人。

朱元璋占领定远后，收获不少人才，又南下滁州。

朱元璋的接连胜利使其感召力越来越强，如同磁石吸引钢铁一般，让不少隐士脱下伪装，前来归附。

在南下滁州的途中，朱元璋在道路旁看见一位奇人。此人特地在此等候多时，求见朱元璋。这位奇人正是定远人李善长。

朱元璋和李善长相见甚欢。朱元璋问道："四方战斗，何时定乎？"

"秦乱，汉高起布衣，豁达大度，知人善任，不嗜杀人，五

第一章　泼天的富贵

载成帝业。今元纲既紊，天下土崩瓦解。公濠产，距沛不远。山川王气，公当受之。法其所为，天下不足定也。"李善长从容应答。

李善长夸朱元璋是濠州本地所生，沾染了山川王气，劝说朱元璋效法汉高祖刘邦，只要知人善任，不乱杀人，平定天下并非难事。

朱元璋并非皇帝的头号种子选手，其上有郭子兴和"小明王"韩林儿等，第一次见面，李善长就对他如此看重，说得朱元璋心花怒放，因此双方谈得非常投机。

朱元璋说："方今群雄并争，非有智者不可与谋议。吾观群雄中持案牍及谋事者，多毁左右将士，将士弗得效其能，以至于败。其羽翼既去，主者安得独存？故亦相继而亡。汝宜鉴其失，务协诸将以成功，毋效彼所为也。"

李善长顿首："谨受命。"

朱元璋看人用人的眼光异于常人，看李善长是个智者，便留他参加反元军，做其幕下的幕府书记，职责是协调将领们之间的关系以及起草文件、出谋划策之类。

两人协力攻打并占领了滁州，开始了近二十年的亲密合作。

一般农民起义军的失败，多源自内讧，最后四分五裂。而说服将领们团结起来抱团作战，正是李善长的特长之一。

朱元璋在滁州兵势甚盛,发展得如火如荼。朱元璋的首领郭子兴见朱元璋的才能胜过自己及其儿子,对他很不放心,猜忌之心日甚一日。朱元璋对郭子兴小心谨慎地待之以礼,又派人用财物买通他的左右,以解郭子兴的猜疑之心。

另一边,濠州的几个王关系紧张,发展到了火并的地步。郭子兴在当地混不下去,便在朱元璋的帮助下来到滁州。

郭子兴检阅朱元璋率领的三万多名将士,只见他们号令严明、军容整肃,高兴之余,又平添许多忧虑。过了一段时间,架不住谗言四起,郭子兴又开始怀疑朱元璋对自己不忠、实力过大难以控制,便要削弱他的势力。

郭子兴先是调走了朱元璋的左膀右臂,又欲将李善长置于自己麾下,帮助郭家成就帝业。

李善长揣摩郭子兴的才能不如朱元璋,坚决不肯去郭子兴处,找到朱元璋哭天抹泪,表示要坚决跟着朱元璋。

朱元璋无力违背郭子兴的意图,劝道:"主帅之命弗可违也。"劝他趁早离开。

李善长是"王八吃秤砣——铁了心",终究不肯去。郭子兴左盼右盼,等不到人来,时间长了,便也算了。朱元璋越发视李善长为知己,屡屡予以重用。

郭子兴则刻意疏远朱元璋,把他晾起来,大事小事不让他插

第一章　泼天的富贵

手。马秀英见朱元璋日子难过，摸准了郭子兴贪婪的本性，将将士们拿来的战利品悉数送给郭子兴的夫人张氏。张氏得了大好处，常给郭子兴吹吹枕边风，让他放朱元璋一马，于是他们之间僵化的关系才有所缓和。

元至正十五年（1355），朱元璋一举攻克和县。郭子兴任命朱元璋为总兵官，镇守和州（今安徽和县、含山等地）。

此时，又有一人来投军。此人正是胡惟庸。

身处乱世之中，人人朝不保夕，投军可能是那个时代最有前途、最能施展个人才干的选择。如果失败了，将成为一具马革裹尸还的枯骨；如果跟对了人，获得成功，则有机会跻身王侯将相之列。

胡惟庸正是这么想的。他与李善长是安徽定远老乡，两人之间有着密切的亲戚关系。

李善长在定远享有盛名，在当地群众眼中被誉为神人。正是在这样一位备受尊敬的亲戚影响下，头脑精明的胡惟庸认定朱元璋是一位值得追随的人物，便毫不犹豫地投身朱元璋的起义大业。

朱元璋在和州有了元帅府，胡惟庸获得元帅府奏差的职位。

奏差是做什么的？这是和州元帅府办公室一个跑腿的小官职，负责收发朱元璋向其上司"小明王"韩林儿陈述事情的文书、章疏以及转达"小明王"下达的指示,相当于机要秘书。

胡惟庸和李善长共同在朱元璋身边做事,抬头不见低头见。李善长发展得顺风顺水,对胡惟庸这个小老乡照顾有加,后来两人又都成为淮西官僚集团的重要人物。

郭子兴本想在滁州称王,但朱元璋认为这里地理位置不佳,不予支持:"元军围攻滁州,红巾军困在城里没有粮食吃,向哪里发展呢?"见朱元璋和自己意见不同,郭子兴郁郁寡欢,最终也没当成滁州王。

朱元璋奇袭夺取和州的和阳城,固守和阳,仅万人守城。

朱元璋虽然是和阳总兵,但诸将大多是郭子兴的老部下,对他并不服气,只有汤和听命于他,全靠李善长从中协调诸将关系。第一次开会时,这些老将先到,坐了好座次,朱元璋来得稍晚一些,叨陪末座。轮到议事,只有朱元璋说得唾沫横飞、头头是道,而其他将领皆不吭一声。

朱元璋不以为意,使了一计,就让这些人服气了。

朱元璋与诸将分工修筑和阳城的工事,约定工期三天。朱元璋紧赶慢赶,三天后,工事修筑完成,而其他诸将都没竣工。朱元璋勃然作色,大摇大摆地坐在主帅的位置,拿出郭子兴给他的任命书,呵斥诸将说:"筑城不按时完成,事情怎么能成功?从今往后,凡是违抗命令者,按军法从事!"

第一章　泼天的富贵

诸将吓得瑟瑟发抖，只剩下唯命是从的份儿。

元军调集十万大军围攻和阳，朱元璋坚守不动，和阳城竟然固若金汤。双方相持三个月，朱元璋屡出奇兵大败元军，迫使元军不得不放弃和阳。

这时，郭子兴的眼中钉孙德崖由于粮食短缺，要求来和阳"借住"几个月。朱元璋居然没请示郭子兴就答应下来。

听闻仇人来到和阳，郭子兴怒气冲冲地赶来问罪。孙德崖闻讯想逃走。朱元璋送孙德崖先遣队出城，留下孙德崖断后。忽然，城中一匹快马赶到，通知朱元璋："不得了了！郭军与孙德崖军在城里发生火拼，郭子兴把孙德崖俘虏了，一心想杀之而后快。还不快去，孙德崖就快性命不保了！"

朱元璋大惊失色，急忙招呼部下策马加鞭往回赶。可是孙德崖的先遣队哪里肯放朱元璋回去。在混战中，手无兵器的朱元璋处于下风，铠甲被孙军一枪刺破，跌下马来被俘，所幸身体没有受伤。

双方都不放人，形成僵局。徐达等人自告奋勇去当人质，但对方仍不释放朱元璋。

最终，两方终于达成换俘协议，郭子兴放了孙德崖，孙军放了朱元璋。徐达等人也平安回到和阳。

郭子兴因诸事不顺，且自封滁州王未果，这次又没杀成仇人

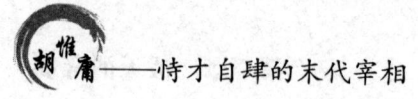

孙德崖，抑郁成疾，大病而逝。

郭子兴病逝后，麾下军队尽归朱元璋。

"小明王"韩林儿是名义上的红巾军领袖，他任命郭子兴的儿子郭天叙为都元帅，妻弟张天祐为右副元帅，朱元璋只捞到三把手——左副元帅的位置，但是在军中握有实权。

朱元璋在军事重镇和州驻守了几个月。和州东南靠长江，经过元兵几次围攻后，城里粮食奇缺，士兵们肚子饿了好多天。正对面是太平城（今安徽当涂），南靠芜湖，东北是集庆（今江苏南京、句容、溧阳等市县地），东倚鱼米之乡丹阳湖，战略位置十分重要。打过长江去，可以解决军队的粮食问题，并相机夺取集庆。

朱元璋眼看着江对岸的粮仓，心里十分焦急。因为他缺少水军。这时，朱元璋迎来了他的救星——安徽巢湖水军头目"李扒头"（李普胜）。

李扒头有千余艘船只和万余名水军。他们和庐州（今安徽合肥、六安及霍山、庐江、巢湖等市县间地）的红军左君弼结下大仇，打仗总是处于下风，于是派人来向朱元璋乞援。

朱元璋亲自到巢湖谈判，成功劝说水军渡江，两军进行整编。

六月，渡江战役打响。朱元璋亲率水陆大军乘风过江，先抵达采石矶（今安徽马鞍山市西南长江东岸）。

第一章　泼天的富贵

元兵列阵抵抗，红巾军的船只距离岸边约三丈，不能登岸。只见常遇春挺起长戈，从船上一跃而上，第一个登岸，所向披靡。诸军进击，元军尽溃，沿江的各个堡垒全部投降。

饥肠辘辘的红巾军早就饿得头昏眼花，一见粮食、牲口，恨不得吃个痛快。朱元璋和徐达两人一商量，绝不能在此停留，必须乘胜前进，直取太平城。他们把船缆砍断，推入急流。霎时间，江面上千帆猎猎，顺流东下，一鼓作气打下太平城。

和州渡江之战，巢湖水军功劳最大。可有野心的"李扒头"起了歹心，想在船上摆酒庆功，趁此机会杀掉朱元璋。

有人偷偷将这个消息告诉了朱元璋，朱元璋于是称病未去吃酒。过了几天，朱元璋又设下鸿门宴。"李扒头"不明就里，欢天喜地去喝庆功酒，很快被大家灌得烂醉如泥。朱元璋的部下遂将"李扒头"捆住手脚，径直丢进了江里。

没了主将，"李扒头"的部下反抗不得，干脆都投降了朱元璋。

占领太平城后，朱元璋得到当地知识分子陶安和李习。

陶安等人率领父老出迎朱元璋。陶安见到朱元璋后，对李习说："龙姿凤质，不是常人，我辈今有主了。"

朱元璋向陶安讨教时事。

陶安献言："方今四方鼎沸，豪杰并争，攻占城市、屠杀居民、互相雄长,然而这些人志向在于夺取人民和财物,没有拨乱安民、救天下之心。明公率众人渡过长江,神武不杀,以此顺天应人而慰问不幸者、讨伐有罪者,天下足以平定。"

朱元璋说:"我想夺取金陵,足下以为如何?"

"金陵是古代帝王之都,龙蟠虎踞,又有长江天险。如果夺取这形胜之地,再出兵攻打四方,哪有攻而不克的道理?此是上天资助明公也。"陶安回答。

朱元璋大悦,礼遇陶安甚厚,从此凡有机密事都会与陶安细细商议。遂改太平路为太平府,任命李习为知府、李善长为帅府都事、汪广洋为帅府令史、陶安为参幕府事。

朱元璋在此确立了攻取金陵的首要目标。

郭天叙虽然作为主将发号施令,但没什么军事经验,打仗不如朱元璋。另一位元帅张天祐胸无谋略,只有张飞般的匹夫之勇。

而朱元璋则在军队掌握实权,如鱼得水。他手下猛将如云、文臣众多,有徐达、汤和等将领,有李善长、冯国用等文臣,胡惟庸暂时还只有跑腿打杂的份儿。朱元璋开始事事对郭、张两位元帅使心计,静静地等待机会,意图独吞郭军。

朱元璋采纳徽州谋士朱升"高筑墙,广积粮,缓称王"的策略,偷偷在南方扩张势力,等待时机,自立为王。

第一章 泼天的富贵

元至正十六年（1356）三月，朱元璋亲率大军，水陆并进，进攻集庆。

多次被朱元璋打败的地主武装陈野先，这次又被徐达击败。陈野先投降后，表面跟朱元璋结拜为兄弟，实际在暗地里时刻想借机叛变。

张天祐、郭天叙都不知道陈野先"变色龙"的底细。郭天叙时刻想暗算朱元璋，但朱元璋同时也在暗算他，故意不交底陈野先是个什么人。

陈野先设下一场鸿门宴，请张天祐和郭天叙吃酒。这两人欢天喜地地去吃酒，结果被陈野先绑了，献给元将福寿。福寿一刀一个，杀了两个元帅。

现在，两个元帅都死了。郭子兴的整个军队，完全是朱元璋的了，简直是得来全不费功夫。

数日后，徐达再次进攻集庆，大败元兵于蒋山（今江苏南京市北的钟山）。元御史大夫福寿出城迎战，被徐达等击败，力战而死。元将蛮子海牙逃奔张士诚处，元水军元帅康茂遂投降朱元璋。

占领集庆后，朱元璋改集庆路为应天府。又得杨宪、夏煜、孙炎等十余学士。

七月，朱元璋自称吴国公，设立江南行中书省，任命徐达为

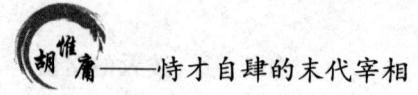

同佥枢密院事。

元至正十七年（1357），朱元璋取宁国后改宁国府。看胡惟庸还算能干、机敏，任他为宁国主簿。胡惟庸开始有了官帽子，主管户籍、缉捕、文书办理等事务。不仅有自己专门的办公室，下面还有人协助他办公。

宁国东邻杭州、西靠黄山，连接皖浙多个县市，是皖南山区的咽喉、南北商旅通衢的要道。

胡惟庸在宁国顺风顺水，晋升为宁国县知县，正式成为宁国的七品芝麻官，掌管该县的政治、经济、军事、诉讼等事务。

胡惟庸的下一站是江西吉安府。

江西原来是陈友谅的地盘，交给胡美驻守，指挥中心放在龙兴。但是，陈友谅又一次看错了人。

胡美，原名胡廷瑞，任江西行省丞相。元至正二十一年（1361），朱元璋占领江州，派遣使者招降胡美。

胡美的使者郑仁杰来到九江请降，只提出了一个要求——不要解散胡美的部队。

朱元璋最初不答应他这个条件，刘基心里着急，劝他着眼大局，伸出一只脚踩踏朱元璋所坐的胡床。

朱元璋猛然醒悟过来，答应了胡美的条件，并向胡美修书一封。朱元璋在信中言辞恳切地表明了自己对归降将领的态度是

第一章 泼天的富贵

"恩均义一"。

收到信的胡美终于吃下了定心丸,正式投降。

元至正二十二年(1362),朱元璋废吉安路,置吉安府。

两年后,胡惟庸便来到吉安府担任通判,为正六品官,掌管粮运、家田、水利和诉讼等事项,还负有监察知州的责任。虽是吉安府副职,但仅位于知府、同知之下,属于第三把手。

陈友谅相继丢城失地,着急上火,要和朱元璋进行战略决战。

元至正二十三年(1363)四月,陈友谅率领号称六十万的大军,东下长江,攻陷吉安、无为州等地,猛攻朱文正坚守的洪都(今江西南昌)。

形势异常危急,朱元璋夹在陈友谅和张士诚的地盘中间,害怕两人联手,使自己陷入被动。朱元璋问计于刘基,刘基说:"士诚自守虏,不足虑。友谅劫主胁下,名号不正,地据上流,其心无日忘我,宜先图之。陈氏灭,张氏势孤,一举可定。然后北向中原,王业可成也。"

这条计策就是擒贼擒王、各个击破,先消灭实力最强、骄傲好斗的陈友谅,然后再吃掉实力较弱、保守慵懒的张士诚。

七月,徐达回师救援洪都。朱元璋率领水军二十万打击陈友谅。

双方在鄱阳湖遭遇，徐达首挫敌锋，越战越勇之时，突然奉命撤出战斗，防备张士诚偷袭南京。朱元璋指挥将士与陈友谅在鄱阳湖上血战。激战中，刘基、朱元璋同乘一船，敌方攻势甚猛，刘基见势不妙，劝朱元璋赶快换船。朱元璋刚一换船，刚才乘坐的船只就被对方火炮击中、沉没。

陈友谅从船里冒头查看战况，不料竟然被一箭射毙。陈友谅一方大势已去。朱元璋经过苦战，最终取得鄱阳湖大战的战略决胜，并再度占领江西。

元至正二十四年（1364）二月，朱元璋兵临武昌城下，陈友谅的儿子陈理出城投降。

陈理来到军门，俯伏在地，身体战栗，不敢抬头直视朱元璋。朱元璋见陈理年幼弱小，便上前将他扶起，握着他的手说："吾不尔罪，勿自惧也。"遂命宦官入宫，安慰陈友谅的父母，凡府库财物任凭陈理自取，还封陈理为归德侯。

元至正二十六年（1366），胡惟庸被提拔为湖广佥事，相当于省部级副职干部。

胡惟庸豢养了十几只猕猴作为宠物，加以训练之后，达到了马戏团的水平。这帮猴子穿上人的衣冠，见有客人来到，则化身服务员，给客人端茶倒水、在酒桌上行酒，还给客人拜跪揖让。甚至有的猴子还会吹竹笛，笛声尤佳，颇有水准，又能执朱戚跳

第一章 泼天的富贵

舞。这帮猴子因为本领高强、讨人喜欢,获得同孙大圣一样的美称——"孙慧郎"。

尽管胡惟庸是个牛人,但是相比同乡李善长,二人升官的速度可以说一个是蜗牛、一个是兔子。

李善长的政治、经济、法律和军事才能非常杰出,被朱元璋比作萧何。

李善长跟随朱元璋攻占滁州之时,就是朱元璋的主要参谋,出谋划策、参与重大决策、主管军队后勤,是朱元璋不可或缺的左膀右臂。

占领江苏镇江后,朱元璋为江南行中书省平章,李善长则是参议。军机进退、赏罚章程,大多由李善长决定。

朱元璋改枢密院为大都督府,命李善长兼领大都督府司马,并担任行省参知政事。

元至正二十四年(1364)春正月,李善长、徐达等劝朱元璋即位吴王,大家好一起吃肉喝汤。群臣以朱元璋功德日隆,屡屡上表劝进。

朱元璋推辞说:"戎马未息,疮痍未苏,天命难必,人心未定,若遽称尊号,诚所未遑。"

群臣岂肯就此罢休,朱元璋拗不过大家,于是即吴王位,设置中书省,制定了官制。"左右相国为正一品,平章政事从一品,左右丞正二品，参知政事从二品，左右司郎中正五品，员外郎正六品，都事检校正七品，照磨管勾从七品。参议府参议正三品，参军断事官从三品，断事经历正七品，知事正八品，都镇抚司都镇抚正五品，考功所考功郎正七品。"（《明太祖实录》）

淮西集团捞得盆满钵满，李善长为右相国，徐达为左相国，常遇春、俞通海为平章政事，汪广洋为右司郎事，张昶为左司都事。

李善长当了右相国，因明习历史掌故，做决策裁决如流，口才极好，娴于辞令，所以朱元璋招降纳叛，都是李善长起草文件。朱元璋前后率领军队征讨，皆命李善长在后方支持，做稳定的大后方，后勤保障坚强有力，兵饷从不缺乏。

李善长不仅为朱元璋平定天下出谋划策，制定制度、政策和法律，而且制定两淮食盐专卖法、茶法和钱法，开铁矿大炼钢铁，制定鱼税，使人民有钱花，国家日益富饶，为朱元璋打天下和治天下奠定了很好的经济基础。

元至正二十七年（1367）九月，论平吴功劳，朱元璋封李善长为宣国公，任命为左相国（改官制后，尚左）。

明洪武三年（1370），朱元璋大封功臣，授予李善长"开国辅运推诚守正文臣、特进光禄大夫、左柱国、太师、中书左丞相，封韩国公，岁禄四千石，子孙世袭。予铁券，免二死，子免

第一章 泼天的富贵

一死"。(《明史》)

排在六公之首的李善长坐稳了第一文臣的位置，地位在一人之下、万人之上。

可以说，没有李善长的辅佐，朱元璋能否得天下，未必可知。

胡惟庸要上位，得找老乡李善长当靠山。胡惟庸的命运，将与李善长紧密地联系在一起。

二、三百两黄金换京官帽

明代初年，淮西集团占据政坛主流，来自浙江、江苏、山西等地的官员只是支流。政坛上的大戏都是在几大集团互相斗争的这一背景下展开的。

淮西就是淮南西路，主要指安徽的江淮地区。朱元璋就出自淮西。朝会宴享乐舞之曲唱道："千载中华生圣主，王气成龙虎。提剑起淮西，将勇师雄，百战收强虏。驱驰鞍马经寒暑，将士同甘苦。次第静风尘，除暴安民，功业如汤武。"

明朝功臣多是朱元璋的安徽同乡，替朱家打天下、守天下。"徽官"掌握全国各地的军政大权，结成淮西集团，倾轧其他政治集团。当时的诗人贝琼眼中看到的达官贵人多半是安徽人——

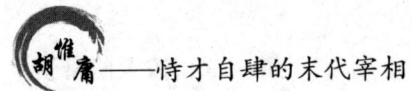
胡惟庸——恃才自肆的末代宰相

> 两河兵合尽红巾，
> 岂有桃源可避秦。
> 马上短衣多楚客，
> 城中高髻半淮人。

明洪武三年（1370），东方风来，春满乾坤，花成子结，君臣同心。朱元璋论功行赏，六名公爵全是淮西人——韩国公李善长、魏国公徐达、郑国公常茂（常遇春的儿子）、曹国公李文忠、宋国公冯胜、卫国公邓愈。

淮西集团中，武将徐达排第一，文臣则以李善长居首。

在"公、侯、伯、子、男"五级爵位中，公和侯是最高的两级，地位十分尊崇。"当年万里觅封侯"是当时人的理想。

"淮西二十四将"中，徐达封公，汤和、吴良、吴祯等二十人都先后封侯。耿再成为叛军所杀、郑遇霖战死、张赫病逝，都获得追封。

正是靠以淮西集团为主力的明军出生入死、东征西讨，才换来朱元璋的大明天下，使他完成了从叫花子、和尚、元帅、吴王到君主的人生逆袭。

朱元璋刚开始懂得知恩图报，待功臣不薄，给予他们高官厚

第一章 泼天的富贵

禄，赏赐大量土地，以权力分配作为对他们贡献的回报。韩国公李善长做中书省左丞相，魏国公徐达做右丞相，曹国公李文忠做军队一把手（大都督）。他们翻身成为顶层的统治阶级，还通过后代联姻互攀亲戚。朱元璋把郭英的妹妹纳为自己的宁妃，把冯胜、蓝玉、徐达的女儿分别嫁给几个皇子，把几个公主分别下嫁给李善长、傅友德、胡海、张龙等人的儿子。

这些军事贵族战功大，享有很高的社会特权。朱元璋颁给他们一个特殊的勋章——铁券，类似免死金牌。本人或子孙犯罪，可以凭此免以死罪。

淮西集团尽管出身社会底层，但是现在翻身做了天下的主人，成为官僚阶层、特权阶层。仗着一个个能够使人复活的铁券，不少没有在刀光剑影中倒下的人，却在权力和欲望的驱使下迅速腐化变质，野心膨胀，贪欲横流。朱元璋的慷慨并没有换来君臣相安。"明智之士宁愿承受吝啬之名，因为它虽然带来丑名但是不引起憎恨，追求慷慨之誉，则必然招致贪婪之名，而贪婪之名则使丑名与憎恨两者俱来"。（《君主论》）

首先，功臣们攫取大量财产和土地。

蓝玉私自蓄养数千名家奴和干儿子，到处搜刮民脂民膏。他非法占有东昌百姓的土地，还公然阻挠御史调查、执法，一顿乱棍把御史赶走。

傅友德作为颍国公，食禄三千石，待遇已经不错了，还不知足，竟向朱元璋索取怀远的一千亩土地。

朱元璋不高兴地说："你的俸禄和赏赐已经不薄了，还不满足吗？还要侵吞民利，是什么道理？你没听说过公议休的事情吗？怎么不向他学习呢？"因此，朱元璋拒绝了傅友德的无理要求。

其次，有功臣及其下人忘记初心，欺压百姓，杀人伤人、恃强凌弱、奸淫妇女，成为骑在人民头上的"害人虫"。

朱元璋约束功臣的措施不可谓不严厉。按照明洪武五年（1372）的铁榜律令，"其五，凡功臣之家管庄人等，不得倚势在乡欺殴人民，违者刺面、劓鼻、家产籍没入官、妻子徙至南宁，其余听使之人各杖一百，及妻子皆发南宁充军；其六，凡功臣之家屯田、佃户、管庄、干办、火者、奴仆及其亲属人等，倚势凌民，夺侵田产、财物者，并依倚势欺殴人民，律处断"。（《明太祖实录》）

朱元璋的亲侄子朱文正镇守江西时，"遂骄淫暴横，夺民妇女，所用床榻，僭以龙凤为饰"。朱元璋派人斥责这个亲侄子。朱文正恐惧之下，又想谋叛张士诚，被江西按察使李饮冰揭发。朱元璋失望地说："此子不才如此，非吾自行，无以定之。"于是亲自乘船来到江西南昌，将他逮捕，随船带回南京。群臣交章弹

第一章　泼天的富贵

劾,要将朱文正法办。朱元璋抚养他长大,待他比自己的亲儿子还亲,不忍杀他,对群臣说:"文正固有罪,然吾兄止有是子,若寘之法,则伤恩矣。"于是免去其官职,将他囚禁于安徽桐城。朱元璋还教导朱文正的儿子朱铁柱,要修德励行,不要效仿父亲,后封他为靖江王,改名朱守谦。

最后,有些功臣甚至不遵守皇家礼制,私自使用皇家专用品,私下穿龙袍、使用龙凤图案,的确胆大包天。

德庆侯廖永忠在鄱阳湖之战中,与陈友谅大战于鄱阳湖之康郎山,奋不顾身,与敌舟相拒,不落下风。廖永忠的死战情形,朱元璋亲眼所见,称他为"奇男子"。但是在朱元璋大封功臣时,廖永忠竟派一名儒生向朱元璋打听能封什么爵位,"窥朕意向,以徼封爵",遭到朱元璋批评,只能封为侯。明洪武八年(1375),廖永忠这样一名勇将,因为私自穿绣有龙凤图案的衣服,被朱元璋赐死。

这些功臣们忽略了一个常识:伴君如伴虎,功高则震主。功臣太强,让朱元璋感到害怕,就连梦里都担心部下造反、江山不保,子孙后代会做别人的阶下囚。在朱元璋看来,这些不听话的功臣对王朝的长治久安构成严重威胁,因此要无情地进行清洗。尤其对其子孙构成威胁的人,必须除之而后快。只有杀,才能确保他以及嗣君控制住军队,不丢宝座。

尽管刚刚建立王朝,全国还有大片土地未攻占,但是在"糖衣炮弹"的攻击下,一些高官显贵举起了"白旗",其中就包括第一文臣李善长。

长期以来,朱元璋给了李善长很大的人事权。随着朱元璋势力逐渐壮大,前来投靠的士兵、将领和文人日渐增多,李善长一一考察他们的才能,然后禀告给朱元璋任用。到了左相国的位置,人事安排上更是可以直接影响朱元璋的决策了。

这其中,谁好谁坏,当然是李善长说了算。

在朱元璋外出打仗或者视察时,都是李善长留守,可以不经请示处理大小事宜。中央政权建立后,确定六部官制,爵赏功臣,事无巨细,都由李善长牵头制定、商议。制定法律,也少不了李善长的身影。

总之,李善长是朝廷内外闪闪发光的政治大佬。

向李善长发射"糖衣炮弹"的,正是胡惟庸。

胡惟庸和李善长是定远老乡,又是一个战壕的老相识。李善长的弟弟李存义的儿子名叫李佑,娶了胡惟庸的侄女,两家成了亲戚。这样的高枝、这样便利的条件,不加紧攀附,更待何时?

官迷心窍的胡惟庸在地方上为官多年,蚂蚁搬家一般积累了不少资产。精明强干的他对湖广佥事一职已经感到厌倦了。为了快速进步,胡惟庸对李善长狠命巴结,行贿三百两黄金求李善长

第一章　泼天的富贵

作为自己升官的荐主。

升官必须有官场大佬推荐，这在古代几乎是不成文的惯例。如果这人升了官，自然大家皆大欢喜，但是这人一旦出了事，荐主则负有连带责任，要被追责。因此，当事人和荐主就牢牢地被捆绑在一起。《明太祖实录》记载，这三百两黄金，就是李善长推荐胡惟庸晋升事成之后的酬谢。

李善长看胡惟庸有才，又是关系不错的老熟人，左右权衡之下，觉得此事可成，于是向朱元璋推荐要重用胡惟庸。

果然就在元至正二十七年（1367），胡惟庸被召为太常少卿，正四品官。胡惟庸如愿以偿，来到南京履职，正式成为一名京官。淮西集团再添一名重臣，势力壮大了几分。

让胡惟庸进入太常寺，李善长肯定是反复权衡过的。它是掌管礼乐祭祀的最高行政机关，职责是主管礼乐、郊庙、社稷之类事宜，领导郊社、太乐、鼓吹、太医、太卜、廪牺、诸祠庙等部门，是个很重要的清水衙门，但并非实权部门。

然而，这正是李善长的高明之处。胡惟庸资历尚浅，要当京中高官，只有暗度陈仓，先从虚职起步，而后再经过历练进行螺旋上升。

三百两黄金，为胡惟庸换来一顶京官帽，也将他和李善长捆绑在一起，二人犹如"一根绳上的蚂蚱"，今后在官场上只有共

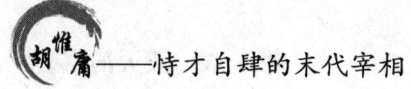

同进退了。

三、吹灭别人的灯

元至正二十七年（1367）的南京官场并不平静，形势可以说还相当严峻。

因为，朱元璋正在重用一个山西人——杨宪。他给淮西集团带来了噩梦。

杨宪，山西太原阳曲（今山西太原）人，原名杨毕。精通经史、富有才辩，在朱元璋的幕府工作。后来逐渐成为检校秘密组织的领导人员，也就是特务头子。他秉持"宁可错杀三千，也不放过一个"的原则逮谁咬谁，因此树敌很多。

同为特务头子的还有凌说、高见贤、夏煜等人。朱元璋对他们很器重。他们专门告发官员做的坏事，即使道听途说的事情，都会向皇帝报告，经常半夜三更把打探到的消息送进皇宫。靠大搞特务政治，朱元璋稳坐皇宫，对内外事情都了如指掌。

张士诚、方国珍等对手是他们获取情报的对象。朱元璋既定集庆、与苏州张士诚相持之时，派杨宪去苏州通好，摸清对方实情。

元至正十六年（1356）六月，杨宪来到苏州，却被张士诚扣留不放。到了冬十月，双方再战，张士诚军队败于常州，他的弟

第一章　泼天的富贵

弟张士德被活捉,张士诚这才知道朱元璋的厉害,心里害怕起来,派使者孙君寿来请求讲和,愿意拿出真金白银换取双方停战。

张士诚在书信中深刻地反省了自己的过错,愿意"岁输粮二十万石、黄金五百两、白金三百斤,以为犒军之资。各守封疆,不胜感恩"。(《明太祖实录》)

朱元璋则回信请求释放使臣杨宪和被俘的将领,并索要五十万石粮食。收到回信的张士诚虽不情愿,但他最终还是放了杨宪。

杨宪回来后,朱元璋对他的表现很满意,任用为博士厅咨议,后来提拔为江南行省都事。当时军国多事,往来文件堆积如山,杨宪裁决明敏,人人都称赞他的才能。然而他为人刻薄,对得罪他的人,动辄用计加以中伤。

杨宪任职浙东行省郎中时,又得到了新使命——到四明(宁波府)会一会另一个农民起义首领方国珍。方国珍对朱元璋还算友好,又送马又送黄金,还送来儿子当人质,但是他首鼠两端,对元朝廷、张士诚都多方结交。看方国珍立场不定,朱元璋最后出动大军,迫使方国珍投降,羁留他于南京。

杨宪会完方国珍,回来升任按察使,迁中书省参议,又走出南京担任江西行省参政,成为一方大员。后来又先后担任司农卿、中书省参政、河南行省参政。明洪武二年（1369），调山西，同年，召为中书省右丞，后迁左丞。可以说，从中央到地方，从情报工作到处理军事、政务、监察、地方事务，杨宪积累了丰富的从政经验。这位政坛宠儿长期在朱元璋身边工作，熟于典故，而揽权邀宠，傲视同僚，其他人莫敢与之争锋。

元至正二十七年（1367）六月，南京出了一件大事：重大敌特分子——张昶被诛杀。

张昶和杨宪、胡惟庸都是好朋友。然而，谁承想，张昶的这个推心置腹的好朋友杨宪，却是专门来出卖他的。

张昶是宛平（今北京城西南）人，原来是元朝的户部尚书，作为元顺帝的使者被派往江南招谕朱元璋。

张昶最初在使团中装傻充愣，沉默寡言，只为打探吴国的底细。朱元璋识破他的计谋，知道他熟悉典章制度，是个起草文件的智囊，于是就将他扣留，为自己所用，任命他为中书省参知政事。凡国家起草制度、法律，都交给他办。

张昶万般无奈，在这个重要的岗位上工作得并不开心。但他熟门熟路，起草制度、法律一挥而就，批文件裁决如流，事无停滞，深得朱元璋赞许。

朱元璋其实待张昶不薄，朱元璋即吴王位、设中书省、制定官制时，张昶也算开国元老，被任命为左司都事，位次非常靠

第一章　泼天的富贵

前，甚至超过杨宪。

"木秀于林，风必摧之；堆出于岸，流必湍之；行高于人，众必非之。"人性从来都是如此。杨宪与张昶同在中书省工作，因嫉妒张昶的才能超过自己，便设法加以陷害。

像杨宪这种人就是喜欢盯着别人的灯，一旦别人的灯比他的亮，他就会想方设法给别人灭掉。

当时东南尚未平定，元顺帝的号令在西北仍然有效，扩廓帖木儿兵力还很强大，北京还没被徐达占领。张昶身在江南，心在北方，并没有放弃对元顺帝的幻想。他始终无法忘怀北方的家和亲人，每当他想起北方的家园，思量自己本来是元臣，却失去气节为朱元璋干事，心中便充满了羞耻、无助和忧虑。

在一次同杨宪闲谈时，张昶不经意间流露出本心："吾故元臣也，勉留于此，意不能忘故君，而吾妻子又皆在北方，存亡不可知。"

杨宪听出张昶心念元朝之意，便暗暗记在了心里。

果然，张昶成了第一个被杨宪搞倒的高级官员。

元顺帝见张昶在南方不回来，便对外宣称张昶已经死亡，赠他官谥，还提拔他的儿子做官。

当时正值平章李文忠占领杭州，他将俘获的元平章长寿、丑的等人押送到南京。朱元璋下令将他们释放，允许其回到北方的

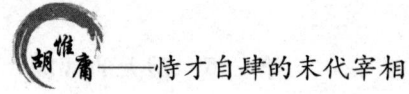

家。

张昶听到长寿、丑的将北归的消息，抑制不住内心的激动。张昶自出使江南以来，与家乡音信断绝，思乡之情此刻越发浓烈。他强撑病体，拿起毛笔，在案牍上奋笔疾书。两封书信挥笔立就，一封奉表是交给元顺帝的，表示自己怀念故主，希望有朝一日重回北方，为他效劳；另外一封信则是给儿子的，询问家里妻儿老小的生死情况。他暗地找到长寿和丑的，托他们将这两封书信分别交给元顺帝和自己的儿子。

张昶事情办得太急，再加身体不适，一时头脑发昏，把两封信的底稿留在家里，没有及时处理。

杨宪的头脑是何等敏锐，此刻正是冬眠的蛇类苏醒出洞的好时机，到张昶府上走一走，必定会有所收获。

当时张昶卧病在床，杨宪作为好友前去探望，可谓是暗地侦察最好的借口。杨宪果然于张昶的卧室内发现了这两封书信的底稿，上面大致内容一目了然。杨宪拿到书信底稿，如获至宝，把握住了这个破获敌特的绝佳机会。抓住张昶，自己升职就多了许多砝码，于是，杨宪毫不犹豫地将张昶的手书上交朱元璋，揭发他有谋叛之心。

朱元璋令大都督府审理。

细查下来，证据确凿，张昶无法再继续伪装。于是，张昶不

第一章 泼天的富贵

再隐瞒，在公文上书写八个大字："身在江南，心思塞北。"

朱元璋本来爱惜其才华，刚开始不想杀他。当看到张昶写的这八个大字，寒心至极，思忖一个平庸之人放回去当然没啥威胁，然而如今天下未定，放一个有才能的人回到元顺帝身边，无异于放虎归山，后果不堪设想，于是朱元璋恨恨地说："彼决意叛矣，是不可赦。"

张昶以谋叛罪被杀。

尽管张昶因谋叛被诛，但是他的好友胡惟庸并没有受到牵连。

通过此事，胡惟庸更认清了杨宪的为人，这是一个为了自己前途，会毫不犹豫出卖朋友的人。在政治和权力斗争中，友谊和信任可能会受到破坏，胡惟庸需要时刻保持警惕和谨慎。

杨宪因举报有功，于明洪武元年（1368）进入中书省，任参知政事。看来，朱元璋准备重用他。

张昶一死，胡惟庸目前还不是竞争对手，杨宪便更加肆无忌惮，把尾巴翘上了天。他专恣日盛，好利者大多出其门下。他觉得同事们的才能都不如自己，下面的人一吹捧他，他越发乐不可支，在众星捧月的肥皂泡里无法自拔。

杨宪当司农卿时，以浙西民富为由，通过横征厚敛的手段，充实国库钱袋子。他将浙西农民的税收增加到原来的两倍，一亩

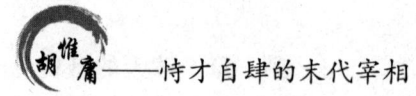

地按照两亩地的标准进行征税。当地农民不堪其苦,皆怨恨杨宪收税太狠。朱元璋却对此一无所知。

喜欢开玩笑的扬州市民陈敦礼讽刺他说,杨宪加赋的土地是"楦田",意思是说,他的做法就像一把将鞋帽定形、撑大的楦子一样,把一亩土地撑大成几亩地,以便多从农民身上收税。

杨宪一进中书省,就暗地急切地揽权,立即破格提拔依附自己的人,对不依附自己的人,则立即驱逐。

还在中书省"大展拳脚",想更改中书省的一切事务,全盘推倒重来。这自然触动了淮西集团的利益,李善长、胡惟庸必会发起反击。

明洪武元年(1368)四月,南京又出了一件大事,杨宪的好友刘基和李善长开始针锋相对,因为刘基杀了李善长的亲信李彬。

刘基的职务是正二品的御史台御史中丞,归汤和、邓愈领导,属于监察系统,职责是纠劾百官。他天资聪明绝顶、智谋过人,为官恪尽职守、正直清廉,建言知无不尽、屡屡见用。然而在淮西集团势力渐渐坐大的朝廷里,他却走得跌跌撞撞。

当年四月下旬,在北伐的关键时刻,朱元璋从南京来到徐达设在河南汴梁的前线作战指挥部,与徐达商议北伐大计。因为徐达长久在中原作战,北进的意图不够坚决。朱元璋亲自前去的目

第一章 泼天的富贵

的就是通报北京军力空虚的情报，指示徐达集结各路大军于山东，然后直捣北京，加速推翻元朝的进程。

在朱元璋北巡期间，命左丞相李善长、御史中丞刘基等留守南京，并且叮嘱刘基严肃纲纪："督察奸恶，以肃蟊毁，虽内府之事，亦宜纠举。"给了刘基很大的权力。

刘基素来刚正严格，铁面无私。有法必依、执法必严是刘基的信条。他认为法治是国家长治久安的保障，制定法律要相对宽松，但是在执行时一定要严格。因此，刘基执纪雷厉风行，凡是中书省僚吏有犯罪的，立即逮捕惩治；宦者、监工匠不恭敬、做事不力，刘基启奏皇太子朱标之后，便会将这些人依法惩办。

一次，几个宿卫舍人在上班期间不务正业，在值班室下棋，违反工作纪律，刘基将他们抓到，予以处理。被按治之人，个个侧足而立，像老鼠见了猫一般畏惧刘基。

刘基如此刚严，与朱元璋严格管理臣下的理念是一致的。

这次，中书都事李彬恰恰撞到了刘基的枪口上。

李彬贪图私利，纵容下属为非作歹，被人发现。左丞相李善长当时窃弄威福，想替李彬开脱，请刘基将这个案子缓一缓，先不要审理，给出回旋的时间。但刘基不买李善长的账，直接拒绝了对方的要求。这还不够，刘基还派人快马加鞭赶赴河南前线，向朱元璋汇报此事，并请求诛杀李彬。

朱元璋的批准意见送达南京之时，大家正在抗旱。好多天不下雨，地里的庄稼叶子一片焦黄，水库里的水接近见底。李善长等人正在商量，是否去庙里拜神求雨。正当大家众说纷纭如何求雨时，朱元璋的批复件如同索命的黑白无常，来到了朝堂。众人看罢，知道李彬的性命保不住了，纵使阎王爷也救不了他。

但李善长借求雨之时心要虔诚、不宜杀人上干天和的理由，阻挠刘基在此时处决李彬。李善长说道："今欲祷雨，可杀人乎？"

刘基满脸怒气地说道："杀李彬，天必雨。"

有朱元璋的批复，再加上刘基的强硬态度，刽子手立即就在天旱之时处决了李彬。

足以见得这刘基还真是一个天不怕、地不怕的主儿。李彬虽然官职不高，却是李善长的亲信。李善长是韩国公、左丞相，而刘基只是御史中丞兼太史令、诚意伯，两人地位相差悬殊。但是，朝廷实行的是权力制衡的制度，御史有权"以下犯上"、制约任何人。

刘基维护法纪处决了李彬，李善长因为此事深恨刘基不给自己面子，杀了他的人，两人因此结下大仇。

李善长和胡惟庸本来就是"一根绳上的蚂蚱"，都性格阴狠，对于刘基的这一刀，岂肯忍气吞声、善罢甘休？

第一章 泼天的富贵

等朱元璋从河南返回南京，这些对刘基有意见的人纷纷向皇帝告状，李善长更是一肚子气无处发泄，向朱元璋痛心切齿地投诉刘基专恣，言语非常激烈，说刘基在坛土遗下杀人，是对祖宗、神灵、上天的大不敬。朱元璋自有明断，知道李善长只不过是泄私愤，因此没有听李善长等人的话。

但刘基在朝廷中被大家挤兑，日子相当难过。

这时，浙江老家传来消息，他的老婆在青田（今浙江省南部、瓯江中游）去世了，刘基于是借此机会请求回到青田奔丧。这当然只是表面原因，其实是想避避风头，缓和他和李善长在杀李彬一事上的矛盾。

朱元璋考虑到刘基的处境，允许他回家料理老婆的丧事。

而徐达那边，遵照朱元璋制定的战略方针，徐达大军进入大都。元王朝的统治实质上已经结束了，其后的抵抗不过是垂死挣扎、余光返照。为防止敌人反扑，徐达派军队扼守周边要隘，派人将这一重大捷报飞报朱元璋。

朱元璋接报大喜，将大都路改为北平府。

对外统一全国的步伐在加快，然而朝廷内部的争权夺利并没有停止。左丞相李善长工作的时间久了，君臣之间开始产生矛盾。

明洪武三年（1370）大封功臣时，朱元璋对李善长的功劳认识不足，封公封得很勉强。朱元璋说："善长虽无汗马劳，然事朕久，给军食，功甚大，宜进封大国。"李善长当了丞相，杨宪也经常在朱元璋面前挑拨说李善长没有大才，越发增加了朱元璋对李善长的负面印象，对他的表现越发不满。

朱元璋心里的天平开始逐渐向杨宪倾斜，将他作为中意的丞相人选。

杨宪为御史中丞时，朱元璋就曾说："杨宪可居相位。"

明洪武二年（1369），杨宪爬到了中书省右丞（正二品）的位置。到了冬十月，朱元璋又急匆匆地将杨宪提拔为左丞（正二品）的事情，列入正式流程。因为李善长的身体熬不住了，需要有人接班。

朱元璋首先想到了智囊刘基，就此询问他的意见。

刘基是杨宪的好友，但是出于公心，摒弃个人私谊，反对杨宪为左丞。

朱元璋感到很奇怪，询问刘基为什么反对。

刘基认为杨宪有才华，但是器量太小，难以做到公正无私。

朱元璋觉得刘基说得有道理，又询问汪广洋怎么样。

刘基又反对："此褊浅。"

朱元璋又问胡惟庸是否适合做丞相。

刘基说："小犊耳，将偾辕而破犁。"

朱元璋瞠目结舌、无话可说，思忖这么多人不行，难道就你

第一章　泼天的富贵

刘基行？便试探刘基："吾之相，无踰于先生。"

刘基有自知之明，知道自己善于思考、谋划，但是不善于做具体事务，干不了丞相这种繁重复杂的工作，而且作为浙江人，在安徽元老人才济济的朝廷中势单力薄，自己嫉恶如仇的性格得罪了很多人，不适合担此大任，于是推辞说："臣非不自知。臣疾恶太深，又不耐繁剧，为之，且负大恩。天下何患无才，愿明主悉心求之。如目前诸人，臣诚未见其可也。"

十全十美的人选是可遇不可求的。刘基的选人眼光太高，求全责备，太过于理想化。只有身在其位，一个人的才能才会在实践中逐渐完善起来。

性格有些强势的杨宪干惯了情报工作，患上了职业病，经常打其他人的小报告，不改逮谁咬谁的习气，因此跟几个丞相都搞不好关系。

朱元璋需要杨宪这样的人，得罪人的脏活儿也让杨宪去干。所以，杨宪在朝廷里的人脉较少，占尽优势的淮西集团也不买他的账。由于多人反对，杨宪升职的事情只得作罢。

朱元璋又想到了恰当的人选——在江西、山东、陕西主政过，又在中书省当过参政的汪广洋。

明洪武三年（1370），左丞相李善长生重病，无法履行职务，由于中书省缺少丞相，于是朱元璋召汪广洋为左丞（正二品），

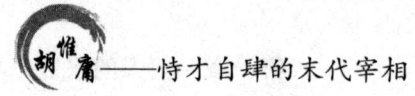

地位超过杨宪。

当时杨宪从山西参政的位置上,被召入南京担任右丞,李善长因为身体原因不管具体事务,导致杨宪一手遮天,中书省的事情都是他一个人说了算。

现在,汪广洋的到来,让做事激进的杨宪多出来一个对手,他岂肯善罢甘休?

汪广洋为中书左丞,地位超过了自己,杨宪心里很不服气,对汪广洋深为厌恶。鹬蚌相争的游戏又上演了。

汪广洋,江苏高邮人,进士出身,地方工作经验比较丰富。通经能文,工于诗歌,擅长篆、隶大书,早年客居太平府。朱元璋渡过长江,攻下采石矶后,招揽了当地一批知识分子,其中就包括汪广洋。

汪广洋先后在朱元璋手下担任文职,当过中书省右司郎中、知骁骑卫指挥使司事。常遇春攻下江西赣州后,汪广洋开始参与军事,并留守赣州,不久升任江西参政,第一次成为地方大员。

明洪武元年(1368),大将军徐达平定山东,需要一个廉明持重的人来稳定局面,于是朱元璋亲自点将汪广洋主政山东。

汪广洋到了山东行省,不负重托,安抚、接纳新来的归附者,使百姓生活安定下来。同年,汪广洋被召入南京担任中书参政,明洪武二年(1369)出京担任陕西参政。和他同一天任命的

第一章 泼天的富贵

就是御史中丞杨宪,担任山西参政。

随着李善长退休,朱元璋召汪广洋从陕西回到中书省担任左丞,让杨宪十分不爽。

其实,杨宪很不识货,难以容人。以现在的眼光来看,性格庄严稳重、为人宽和自守的汪广洋和性格强势、为人刻薄的杨宪如果不争权的话,两人性格能够形成互补,或许可以成为好友。

但是,急于上位的杨宪容不下他,决定不让权力,心想,你尽管位置比我高,但我在中书省握有实权,安排好了人事,工作熟门熟路,料你也拿我没办法。因此,杨宪遇到事情,大多专决不让,威福恣行,不汇报汪广洋,也不让他插手,把他晾了起来。这让汪广洋对中书省的工作可谓是"狗咬刺猬——无从下口"。

在鹬蚌相争的游戏中,杨宪扮演了啄蚌肉的鹬的角色,而汪广洋正是那只被动挨打的蚌。

汪广洋的性格比较中庸,不是什么狠人,遇到杨宪这种为了权力豁出命来的狠角色,心里也是畏惧三分,因此对杨宪的所作所为睁一只眼闭一只眼,经常容忍默许,不与杨宪计较,更不会去阻止反驳。汪广洋在朝廷中成了徒有虚职的泥菩萨,没有什么话语权,委曲求全之下,犹为杨宪所忌惮。

两人一个硬一个软,一个强势一个柔和,本来可以做搭档,但是杨宪一心想排挤走汪广洋,为他升职剪除对手。搜集别人的黑材料是杨宪一贯的整人手段，于是派特务暗地调查汪广洋的阴事。

特务早盯人、晚盯人，终于有了新发现：汪广洋侍奉老母亲存在问题。

杨宪大喜，自己不便出面，便唆使侍御史刘炳等人弹劾汪广洋侍奉老母亲"不如礼，以为不孝"。这种阴招，又是朱元璋不喜欢的小人行为。

当时社会把私德领域的孝道和政治上是否忠君绑在一起，孝敬父母的人能忠君，反之，不孝敬父母则不会忠君。其实两者并不能画等号。

因此，不知实情的朱元璋，降敕严厉批评汪广洋，将其免去职务，放还乡里。

丈二和尚摸不着头脑的汪广洋，灰溜溜地回到江苏高邮老家，政坛上暂时失意了。但是，有过必罚的朱元璋，在处罚完、待官员"赎罪"之后，还会再度起用这名官员。杨宪还是高兴得太早了。

这样，中书省实际负责人的位置就空了出来。朱元璋选来选去，还是没有合适的左丞相人选，于明洪武三年（1370）秋七月将中书右丞杨宪提拔为左丞，实际负责中书省。

杨宪靠阴招终于如愿以偿，志得意满。

第一章 泼天的富贵

然而,杨宪不知道的是——物极必反,他的生命也即将走到尽头。他的上位引起淮西集团的强烈不满。

胡惟庸更是灰心失望,狗急跳墙地找到李善长诉苦说:"杨宪为相,我等淮人不得为大官矣。"

杨宪在人事上已经安插了不少自己的亲信,胡惟庸所言非虚,淮西集团有权力被挤压的顾虑。但是李善长胸有成竹,淮西集团如此强大,你杨宪一个山西人,怕是在左丞的位子上混不了多久。

李善长要采取行动了。

杨宪没想到,自己会真的栽在迫害汪广洋的事情上。

在鹬蚌相争的过程中,得利的渔翁正在赶来的路上。他就是胡惟庸,此刻他的地位在冉冉上升。

尽管杨宪也视胡惟庸为眼中钉,但是在李善长的力挺下,胡惟庸顺利升任太常寺卿,正三品。淮西集团的势力又壮大了几分。

明洪武三年(1370),太常寺卿胡惟庸再次依靠李善长的提携,交得好运,成为中书省参知政事。太常寺卿一职由魏观接任。

胡惟庸由此进入中枢机构中书省,逐渐掌握实权。此时,杨宪正跟汪广洋斗得不可开交,胡惟庸只需等待胜利果实落下来掉

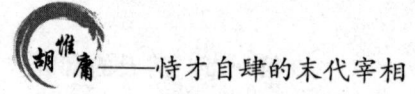

在自己头上即可。

杨宪也感到淮西集团不容小觑,先前为了排挤李善长,他多次向朱元璋进言:"李善长无大才,不堪为相。"然而,作为淮西集团的首领,李善长可不是那么好惹的,在朝廷树大根深,况且又培养了后起之秀胡惟庸,他们时刻准备从背后捅杨宪的刀子。

杨宪在左丞的位子上,施展本领的空间越发广阔。但他对朱元璋如此处理汪广洋仍然不满意,怕汪广洋重返朝廷,一定要落井下石,将其打成死老虎,于是再次指使刘炳上奏,请求把汪广洋迁徙到海南的不毛之地。

仅仅因为不孝敬母亲,免职之后还要迁徙化外,朱元璋这次隐隐觉得哪里不对劲,直接拒绝了刘炳的请求。他对汪广洋的才能还是认可的,并不希望一棍子把他打死。

杨宪没达到彻底整倒原来上司的目的,颇为失望。

经过分析,李善长和胡惟庸认为,喜欢到处咬人的杨宪对汪广洋关于孝道的弹劾非常无厘头。但要扳倒杨宪,他们还需要等待一个时机。

这个机会很快就到来了。杨宪又指使刘炳诬奏刑部侍郎左安善入人罪(指断案不当,给人故意强加罪名)。朱元璋便发现了问题:这一定是刘炳的诬告,背后一定有人指使。

于是朱元璋将刘炳打进监狱审问。刘炳不能隐瞒事实,很快

第一章 泼天的富贵

一五一十地全部招供,承认自己就是受杨宪指使,相继弹劾了汪广洋和左安善。

太史令刘基也站出来,揭发杨宪作奸犯科的情形以及私底下干的见不得人的阴险之事。

朱元璋本就讨厌作威作福、言行不一、搞阴谋诡计的小人,杨宪以前的人设在他这里彻底崩塌。

李善长凭借多年的政坛经验,嗅到此时时机已经成熟,就抓住杨宪弹劾汪广洋不公不法一事,站出来指斥杨宪排挤陷害大臣。

诸多证据摆在朱元璋面前,惹得他龙颜大怒,下令群臣审问杨宪。

杨宪招供、服罪,于是朱元璋将杨宪、刘炳等人诛杀。

此时正是明洪武三年(1370)秋七月,杨宪当左丞没满一个月。

杨宪的经历告诉我们:吹灭别人的灯,并不会让自己更加光明;阻挡别人的路,也不会让自己行得更远。

杨宪精明强干了一辈子,为了争权夺利不择手段,最终没逃过朱家的屠刀。

后来,凌说、高见贤、夏煜等人先后被处死,等于皇帝的耳目都已经被胡惟庸和李善长消灭了。

最后得利的渔翁——胡惟庸,此时笑了。

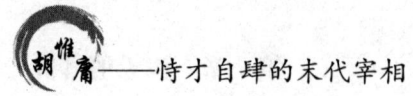

四、朱重八的"潜规则"

按理说,杨宪使用不正当手段排挤陷害大臣,本非死罪,但是朱元璋为什么要迅速杀掉他呢?

这要从朱元璋的用人、弃人理论说起。这或许能解开朱元璋的一个精神密码。他有自己的一套"潜规则"——"善善恶恶"理论。

朱元璋长期处于社会底层,又经过长期的斗争,见识了人世间的万般苦难,对人情善恶洞若观火,形成了一套"善善恶恶"(亲近善人、讨厌恶人)的用人理论,即任用君子、不用小人。"善善恶恶"也是朱元璋基本的性格特征。

朱元璋深知君王亲君子、远小人的重要性,把自己和百姓的关系比作心脏和身体的关系。朱元璋与礼部尚书朱梦炎谈论治民之道时说:"君之于民,犹心于百体,心得其养,不为淫邪所干,则百体皆顺令矣;苟无所养,为众邪所攻,则百病生焉。为君者,能亲君子、远小人,朝夕纳诲,以辅其德,则政教修而恩泽布。"朱梦炎说:"陛下所喻甚切,实帝王为治之要。"(《明太祖实录》)

朱元璋的这种统治理念和用人政策,显然深受儒家"君子""小人"理念的影响,崇尚礼仪、道德和忠诚。孔子说:"君子喻于义,小人喻于利。"朱元璋倾向于任用具有美好品德的君

第一章 泼天的富贵

子,而不是那些缺乏道德标准、行为不正当的小人。从现代的角度来看,我们可以认为朱元璋的这种观点反映了他对官员的道德责任和诚信的重视,即品德比才能更为重要。他希望构建一个稳定、有序、公正的政治体系,而这种体系需要建立在官员的道德原则和君子风范的基础之上。因此,他大加任用具有良好品德的人,对可能利用职权谋取私利的小人不用或者弃用。

尊崇儒家思想的朱元璋还善于吸取历史教训,从国家治乱兴衰的高度,对官员的品德提出了很高的要求,提拔忠良、君子,使国家日治。

鉴于汉代、唐代、元代的历史教训,朱元璋非常警惕小人参政,特别是宦官中的小人。禁止宦官参政、干预军队,只能干不用动脑的体力活。朱元璋对侍臣谈及汉唐末世,皆为宦官所败时说:"开国承家,小人勿用,圣人之深戒。其在宫禁,止可使之供洒扫、给使令、传命令而已,岂宜预政、典兵?汉唐之祸,虽曰宦官之罪,亦人主宠爱之使然,向使宦者不得典兵、预政,虽欲为乱,其可得乎?"(《明太祖实录》)

朱元璋阅读《唐书》,读到宦官鱼朝恩恃功玩忽职守、肆无忌惮时,认为当时就不应当让这类人掌管军事政务,还对臣子说:"大抵小人窃柄,人主苟能决意去之,亦有何难?但在断不断尔。"又用汉唐时期宦官的权势之盛为例,说:"朕深鉴前辙,自左右服役之外，重者不过俾传命四方而已，彼既无威福可以动人，岂能为患？但遇有罪，必罚无赦，彼自不敢骄纵也。"(《明太祖实录》)

朱元璋严格管理宦官，在明英宗朱祁镇之前都没有出现宦官专政的情况。只是到了英宗时期，王振撤去不许宦官干政的"镇妖碑"，开始了宦官专权的黑暗统治。

明洪武十六年（1383）二月，朱元璋又翻阅唐太宗《帝范》，深感不吸取历史教训、不守祖宗之法的后果很严重，认为唐朝国运衰败的原因是皇帝任用谗佞者，"赏罚政令不行于天下，阉竖、小人朋比于国中，卒召藩镇之祸，而唐祚遂衰"。还说治理国家的人一定要遵守祖宗之法。

明洪武十八年（1385）八月，朱元璋将唐太宗任用房玄龄、杜如晦和唐玄宗任用杨国忠、李林甫进行对比，得出结论："忠良者，国之宝；奸邪者，国之蠹。故忠良进则国日治，奸邪用则国日乱。"

对于元朝的败亡，朱元璋认为是小人擅权、奸邪竞进造成的，因此必须严立法度、选拔贤能。

朱元璋认为元朝建国之初，政治清明，有可观之处。但是后来小人专权，法度废弛，以至于国家分崩离析。又对廷臣说："今创业之初，若不严立法度以革奸弊，将恐百司因循故习，不能振

第一章 泼天的富贵

举,故必选贤能,以隆治化。"

用君子、不用小人的用人标准是一把双刃剑,使朱元璋在群雄逐鹿的乱世中走上人生巅峰,但也让他在如何对待功臣的错误和缺点上走向极端,过度使用凶猛手段予以惩罚。

朱元璋眼里的小人包括哪些人呢?

阿谀奉承、贪腐、见利忘义、恃势骄恣(好作威福)、不忠诚、奸诡百端、自私自利、逐势变移、言行不一的人,被他归类为小人。

朱元璋不喜欢阿谀奉承的人,将他们归为小人,定出各卫官军平时不得在公侯门前侍立听候的规矩。朱元璋拿北宋名相寇准不许下属为他擦拭胡须的事例,教导群臣不要谄媚上司:"朝廷设官,各有定分,上不陵下,下不谄上,恪守乃职,是为正人。"

贪官污吏也被朱元璋列为见利则喜的小人。

一名官吏受赃被人揭发,投井自杀。朱元璋听说此事,说他只知道利益带来的好处,却不知道利益带来的坏处,称他为舍生为利的小人,谕群臣:"君子闻义则喜,见利则耻;小人见利则喜,闻义不徙。是故君子有舍生取义,小人则舍生为利,所为相反。"认为舍身为利的人并不值得怜悯,还可以作为贪污者的警戒。

朱元璋喜欢具有君子品德的人,尽量做到赏罚分明,赏罚出于公心而非出于私心。

金坛县丞李思进因为犯事被逮捕，当地百姓丁原德率数十人到南京请愿，反映李思进为官多施善政，挽留他继续干下去。朱元璋听后很高兴，派使者带酒慰问李思进，下敕说："善善恶恶，人之至情，故善者必赏之以为劝，恶者必惩之以为戒，非有所私，盖顺人心而奉天道。"认为如果国家没有赏罚，即使是尧、舜也不能治理好。朱元璋听到金坛的父老丁原德等人罗列情状前来请愿的事情后，非常惊讶和赞叹，不仅给李思进赐酒二樽，也给来请愿的丁原德等人赏赐酒喝。

无独有偶。明洪武十八年（1385）秋七月，镇江丹徒知县胡孟通、县丞郭伯高被抓，百姓韦栋等数十人来南京为他们请愿。朱元璋同样释放了知县、县丞，照样赐酒喝，下敕表示自己赏罚公正无私。还说赏罚必须根据民众的喜恶，才能彰显最大的公正。

如何识别君子和小人，久混江湖的朱元璋有一套洞察人心的识人之法。

明洪武二十二年（1389）十一月，朱元璋在谨身殿和翰林院学士刘三吾谈论治民之道。

刘三吾说："南北风俗不同，有可以德化，有当以威制。"

朱元璋不赞同他的意见，认为地虽有南北，但民无两心，帝王应一视同仁。还说："然君子、小人何地无之？君子怀德，小人畏威，施之各有攸当，乌可概以一言乎？"

第一章 泼天的富贵

刘三吾听后心中一凛,不敢再言,稽首退下。

刘三吾走后,朱元璋意犹未尽,对侍臣说:"兴治之要,当进君子、退小人也。"

兵部尚书沈溍回答,君子和小人一下子不容易识别。

于是朱元璋教识别君子之法:"独行之士不随流俗,正直之节必异庸常。"用美玉被丢弃在污泥之中,其色泽也不会改变的道理比喻君子。

沈溍说:"自古君子常少,小人常多,亦岂能悉去?"

他给朱元璋出了一道难题:面对数量如此众多的小人,如何从组织体系里全部清除?

朱元璋说:"善者进之,足以劝善;恶者去之,足以惩恶,故太阳出而群阴消,贤者举而不仁远,夫何难去哉?"

人在官场,必会面临许多是非,所谓成功要靠"高人指点、贵人相助、小人监督"。如何看待诋毁你的人?如何辨别毁誉之言?朱元璋也有辨别的标准。

朱元璋对侍臣说:"夫毁者未必真不贤,而誉之者未必真贤也。第所遇有幸、不幸尔。"还说只有君子内心公正才能得到正确的评价,所以选拔人才是困难的,而知晓是非善恶就更加困难了。

朱元璋将君子、小人的过错从是否出于公心进行区分。他知道人们做事,不可能没有错误。他对群臣说:"其心本公,所为之事或谬,此则识见未至,致有过误。若缘私意,而所行有谬戾者,此特故为耳。君子、小人之过,于此可见。"还说君子的过错,即使很微小也一定会显现出来;小人的过错,即使很大也不会显现出来。

朱元璋坚守"开国承家,小人勿用"的信条,在许多场合都讲过兴治之要在于进君子、退小人。朱元璋将用人的重要性上升到影响国家治乱兴衰的高度,用正人君子,国家就兴旺昌盛,而任用小人,国家就混乱衰败。

对于小人,朱元璋的态度则是及早惩治,绝不宽恕。就像治病要早治,务必去掉病根,以免祸害自身。

一次,朱元璋在谨身殿,听东阁大学士吴沉等人讲授《周书》。当听到国灭原因是政治上使用奸邪之人时,朱元璋很感慨,表示赞同:"甚矣!国家不可有小人,有小人必败君子。"还说,国家存在小人就如同人收藏毒药,不赶快除去,必定成为自身的祸患。

对于功臣,最初朱元璋并无杀心,而是以高官厚禄、结亲给予回报,苦口婆心地一再劝诫他们要遵纪守法,不要犯法,希望君臣相安、共享富贵。

元至正二十七年(1367)十二月,李善长等人详定律令,刊布中外。朱元璋就对群臣说:"读书所以穷理,守法所以持身,

第一章 泼天的富贵

故吏之称循良者不在于威严，在于奉法循理而已。"言辞恳切地告诫官员们要谨守法律。

朱元璋喜欢用严刑峻法约束勋贵官吏。明洪武五年（1372）六月，朱元璋作铁榜，申诫公侯，申明律令，引导功臣之家谨守规矩，享无穷富贵，告诫他们不要欺压百姓、笼络下属、贪污腐败，否则将严刑重惩，甚至处死。该铁榜共九条，千余字，条分缕析，明确了勋臣犯罪的处理办法，成为不容任何徇私的铁律。

朱元璋不仅严格管理功臣，而且对功臣家里的服务人员也严加监督，防止他们狐假虎威，侵犯百姓利益。由于诸勋臣所赐的公田很多，由庄佃负责打理，其中很多下人倚势冒法、横行乡里，而诸功臣也不禁止，任由他们乱来。朱元璋便把这些勋臣召集起来，让他们对这些下人严加管教。

对于自己身边品德不佳的人，朱元璋也会尽早罢免。如一个御史道听途说对朱元璋反映谋士的隐微之过，朱元璋便令中书省将听信妄言的御史罢免。

明洪武六年（1373）二月，朱元璋对吏治进行整顿，命御史台指挥监察御史及各道按察司，察举天下的政府官员，考察官员是否有犯罪，奏报后清除出官员队伍。对贪虐之徒，即使是犯小罪也不予宽容。

不过，朱元璋关于君子、小人的理念具有两面性，要辩证地

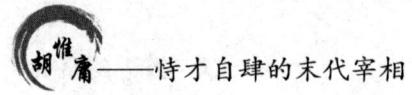

看待。

一方面，朱元璋据此快速识别德才兼备、品德优先的人才，获得了事业上的巨大成功。君子们不用费尽心机讨好君王，把事情干好就行，因此朱元璋时期出现了风清气正的政治局面。

但是另一方面，君子、小人"一刀切"的做法具有简单粗暴的局限性，忽视了人性和现实世界的复杂性。特别是所谓的"小人"容易成为受害者，在朱元璋采取重典、凶猛手段治国的大环境下，这些所谓的"小人"倒了大霉，大批人被贴上道德败坏的奸顽刁诈之徒的标签被法外加刑，甚至遇害，具有明显的人治色彩。而朱元璋本人也是"君子＋小人""圣人＋流氓"的复合体，杀"小明王"、扣留张昶、大杀功臣、大搞连坐、制定毒辣的法律、大搞特务政治等，都不算光明正大的行为。

从这些分析我们可以看到，但凡被朱元璋贴上小人标签的人，大多难逃他的魔掌。中书左丞杨宪按照法律，罪不至死，但是，他诬陷排挤汪广洋、在中书省独断专行、出于私心重用亲信、向浙西百姓收取重税、说李善长坏话等，使朱元璋得出结论：杨宪是个小人。小人便是国之贼也，因此除掉关键岗位上的小人便成了朱元璋的一贯做法。

杨宪触动了淮西集团的利益，因此左丞的帽子还没戴热，便丢了人头。

第二章
十面埋伏

胡惟庸——恃才自肆的末代宰相

一、哑巴吃黄连

躁进的杨宪被诛杀后,朱元璋认为汪广洋没有什么大错,遂将赋闲在家的他召回中书省,重新重用,职位是中书右丞。

朱元璋又给他发了一个"委屈奖",于明洪武三年(1370)冬,将汪广洋封为忠勤伯,食禄三百六十石。在朝廷颁布的诰命中称汪广洋"剸繁治剧,屡献忠谋",将他比作是汉代的张子房、三国时期的诸葛亮。

御史中丞兼弘文馆学士刘基,也在同一天被封为诚意伯,食禄二百四十石。刘基的智谋胜过汪广洋太多,但是待遇比他差了一大截。

明洪武四年(1371)春正月初三,中书左丞相、太师、韩国公李善长因病罢官。

第一代丞相的故事就此基本谢幕,接力棒传到了新生代的手中。

李善长告老还乡之前,把机会留给了胡惟庸。魏国公徐达尽管还挂着中书右丞相的空头衔,但他基本都在北平操练军马、缮

第二章 十面埋伏

治城池，与他们并没有什么交集。

相比之下，不显山露水的汪广洋才能不是很杰出。李善长一退休，朱元璋马上提拔忠勤伯汪广洋担任右丞相（正一品），并且将能力突出的参知政事胡惟庸提拔为中书左丞（正二品）。

从表面上看，胡惟庸并没有实现"弯道超车"，但是明眼人都看得出来，胡惟庸不断晋升，显然就是将来的丞相人选。

得知朱元璋任命胡惟庸为中书左丞，刘基感到非常忧郁愤恨，自己头上走了李善长这座大山，如今又压上了胡惟庸这座大山。他神色大戚，痛心疾首地说："使吾言不验，苍生之福也；言而验者，其如苍生何！"

刘基评价胡惟庸是政坛上没有经验的一头小牛犊，是个单纯或勇猛的政坛新秀，让他来犁地，只怕地没犁好，反而把车子弄倒了、把犁弄坏了，把事情越搞越糟。想到胡惟庸上位而自己曾经对他评价很低，得罪了他，认为胡惟庸迟早会报复自己，已逾花甲之年的刘基思虑过度，忧愤成疾，身体每况愈下，病情越来越重。

就在胡惟庸升职的当月，刘基选择了回乡。

右丞相汪广洋此时心里也不好受。官场沉沉浮浮，现在尽管当右丞相，但如果始终当不上左丞相，迟早有一天会输给胡惟庸这个后生，心情既心酸又无奈。于是，在这个弱肉强食的世界里，汪广洋不想抗争了，想彻底"躺平"。他又不是淮西集团的人，以前被杨宪欺负，现在处处受胡左丞排挤，在朝廷没有什么存在感，就干脆选择无为而治、尸位素餐，仅仅保守禄位而已。

汪广洋工作上不上心，成天忙着赴宴喝酒，在觥筹交错间寻找人生快乐，接受下属们虚伪廉价的吹捧，顺带麻醉一下徒有虚位的自己。

汪广洋没有什么事情做，好不容易做了事情，又不对朱元璋的胃口。

汪广洋曾上奏祥瑞之类事情，引起朱元璋不满。朱元璋是个务实的人，不喜欢别人乱拍马屁，对祥瑞之事很反感，指示汪广洋不要上奏虚头巴脑的祥瑞之事，而是要汇报灾异、蝗灾、旱灾之事，因为后者事关百姓民生。

明洪武五年（1372）九月，朱元璋要过生日了，大臣想为他举办圣寿节。于是在生辰前一天，中书右丞相汪广洋率领百官请行贺礼，被朱元璋拒绝。朱元璋说："朕已令罢此礼。卿等其体朕怀，勿贺。"

汪广洋再一次郁闷。

朱元璋不仅不要官员祝贺生日，还让外国使臣也免庆贺礼。朱元璋让中书省通知高丽国王说："继今圣寿节、千秋节，俱免庆贺礼。"此后，朱元璋每年过生日都非常简单，斋居素食，不

第二章 十面埋伏

接受官员们朝贺。

但是,朱元璋是个闲不住的人,每天忧危焦虑的情绪充斥于内心,怎么可能让在重要位置的大臣"躺平"呢?朱元璋数次对汪广洋的工作进行批评、提醒。但是,汪广洋还是让皇帝失望了,工作没有什么起色,也没有什么干劲,献计献策也无所建树。时间久了,朱元璋就厌弃他了。

明洪武六年(1373)正月,朱元璋看右丞相汪广洋居位庸庸、无所建树,就以"巽柔怠政"为由,将他降职为广东行省参政,希望他悔过自省,以观后效。

汪广洋几经沉浮,漂来荡去不自由,变得越发麻木、越发懦怯,除了阴柔隐忍外,别无他法。他性格的弱点,就是难以突破环境的限制,将自己困在一个茧房里。其实,中书省负责人、广东行省参政,都是可以让汪广洋施展才干的舞台,但是张昶和杨宪的死,让他见识了朱元璋的狠,汪广洋进不愿意进、退又退不了,以为靠装老偷生、不干实事就能保住性命。

中书省,现在是胡惟庸的天下了。自从杨宪被杀后,朱元璋认为胡惟庸是个精明强干的人才,对他倍加宠幸,放任他施展才干。胡惟庸的记忆力特别好,朱皇帝问什么,他都能对答如流,少有遗漏,因此深得宠信。

皇帝难以选择合适的人选来当丞相,因此,右丞相的职位空了大半年，只有中书左丞胡惟庸一人掌管中书省，独断中书省的大小事宜。如果没人插队，丞相的位子迟早是他的，胡惟庸对丞相的职位早就垂涎三尺了。

胡惟庸不知道的是，丞相一职纵有泼天的富贵，但是干不好是要掉脑袋的。

在胡惟庸之前，只有少数几个人坐过丞相这个位子。徐达经常带兵在外、不处理具体事务。李善长小心谨慎、做事周密，才干还是很厉害的。右丞相汪广洋这样的"逍遥派"斗争性不足，忙于饮酒赋诗、自甘平庸，朱元璋断不会给他如此重要的职位。

他们都深知朱元璋的臭脾气——有极强的权力欲和控制欲，绝不让属下染指半点皇权，否则会像一只腐鼠被扔进垃圾堆，所以都不敢轻易摸老虎屁股。此时，相权与皇权之间矛盾不大，看起来上下之间还算和谐，没有达到触犯龙鳞的地步。

到了明洪武六年（1373）七月，朱元璋看中书左丞胡惟庸干得不错，中书省丞相一直缺位也不是回事，于是提拔胡惟庸担任右丞相（正一品）。

胡惟庸升职之路一帆风顺，朱元璋想另外找一个人担任左丞相，压住一手遮天的胡惟庸。于是同时任命勤奋工作的御史中丞陈宁为右御史大夫。

胡惟庸刚担任右丞相一个月，便犯了一个错误。

第二章 十面埋伏

明朝对国家大典——祭孔是非常重视的。朱元璋推崇孔子，多次称孔子是万世帝王之师。明洪武六年（1373）八月，朱元璋派遣御史大夫陈宁祭奠先师孔子。

就在这次礼仪庄重的祭孔大典中，右丞相胡惟庸、参政冯冕、诚意伯刘基等人没有参加陪祭，却分到了祭祀用的胙（zuò）肉。朱元璋一听说这事，便很较真，对刘基等人进行批评："基等学圣人之道而不陪祀，使勿学者何以劝？既不预祭而享其胙，于礼可乎？其武人不知理道者，皆不足责。"（《明太祖实录》）下令停发刘基、冯冕俸禄各一个月；陈宁因不请示汇报，停俸半个月。但是胡惟庸此次没有受罚。

从此以后，祭祀就有了新规矩：不参与祭孔的大臣，不得拿走胙肉。

从胡惟庸有错而不受处罚一事，可以看出朱元璋此时还是很尊重和信任他的。

吃肉有错，但并不影响各位获得极高的荣誉。

明洪武六年（1373）九月，右丞相胡惟庸再受恩宠，获得荣禄大夫的称号。此外，御史大夫陈宁为荣禄大夫，御史中丞商暠为资善大夫，中书参政冯冕、丁玉为中奉大夫等。

朱元璋始终没有忘记被贬到广东行省担任参政的汪广洋，于明洪武七年（1374）三月又把他召回南京，担任左御史大夫。八月，右丞相胡惟庸得到每年岁禄两千石的优厚待遇，跟都督蓝玉的待遇一样，比大夫汪广洋、陈宁多出一百石。这是朱元璋念及诸功臣之家亲属数量众多，岁禄恐怕少了，不足以养家，因此增加列侯等官的禄秩。

军队和法律是权力的基础。朱元璋非常重视法律建设，命令胡惟庸、汪广洋等人参与修法。朱元璋钦定修法的原则要简要，认为律法贵在简明适当，使人容易知晓。命中书省编《律令》，同时又颁布《律令直解》，对《律令》进行详细解释。

明洪武六年（1373）十一月，朱元璋命刑部尚书刘惟谦等人以《律令》为基础，详定《大明律》。每奏一篇，朱元璋就命人将法律条文贴在宫殿的东西两廊，亲自裁酌、详加审定。

明洪武七年（1374）二月，《大明律》修成，翰林学士宋濂上表以进："臣以洪武六年冬十一月受诏，明年二月书成。"朱元璋审阅后，颁布施行。

经过两年多的实践后，朱元璋认为一些法条议拟不当，法网太密、太繁，不足以收复人心。于是，朱元璋于明洪武九年（1376）冬十月，命右丞相胡惟庸、御史大夫汪广洋等人参与修订《大明律》。

胡惟庸、汪广洋等人受命详加考订，厘正十三条，其余不做改动，将《大明律》修改为四百四十六条。

第二章　十面埋伏

胡惟庸担任右丞相四年多，朱元璋理想中的左丞相人选还是没找到，估计也找不到了，于是于明洪武十年（1377）九月二十六日任命中书右丞相胡惟庸为左丞相（正一品），位居百官之首。

胡惟庸终于位极人臣，最终捞到泼天的富贵，坐到了李善长当年的位子上，走上人生的巅峰。

御史台左御史大夫汪广洋同时被任命为右丞相（正一品，实际权力略低于左丞相）。朝廷第一次形成胡左丞相、汪右丞相的班底。胡惟庸果真爬到了汪广洋头上。

同时，右御史大夫陈宁进位一步，为左御史大夫。中书右丞丁玉为右御史大夫。

然而，物极必反，胡惟庸高兴得有点早了。

胡惟庸的权力芝麻开花节节高，但是也逐渐暴露出他性格中的弱点。

由于皇帝的信任宠信，大到生杀人命、人才进退、官吏升降这样的大事，在中书省掌握大权的胡惟庸有时都不上奏皇帝，独断专行，擅自做决定，把事情就给办了。

比如，跟胡惟庸关系比较密切的陈宁，任中书省参政时，因为犯事，被贬到苏州府担任知府，后来升任浙江行省参政。陈宁的任命书刚刚下达，人还没到浙江任职，只因左丞相胡惟庸的推荐，陈宁直接回到南京，担任御史中丞。与他同时被任命的还有宋冕，以户部侍郎的身份升任河南行省参政，也是出于胡惟庸的推荐，直接到中书省担任参政。

胡惟庸尽力在皇帝面前打造自己完美的人设，还尽力发挥趋利避害的本能，不仅重大事项不喜欢请示皇帝，而且还有一个非常不好的恶习——偷看奏章，垄断信息来源。

内外各个部门上奏给皇帝朱元璋的专报密封奏章，专肆威福的胡惟庸必定截留，自己先拆封取阅。内容对自己有利的，就呈报朱元璋；如果遇到内容对自己不利的，就藏匿起来，不给皇帝看。

这问题就大了，属于瞒上欺下，让皇帝掌握不了下面的真实情况，会误了国家大事，侵夺了皇帝的权力。威服下移，正是朱元璋日夜警惕的政治大忌。

胡惟庸作为中书省的一位核心官员，他的行为引起了广泛的争议和批评。那么，他为什么要这么干呢？

我们不妨分析一下胡惟庸截留奏章这种行为的利弊。

胡惟庸是个官迷心窍的人，长期受宠，是因为他只给皇帝展示光鲜的一面，隐藏了自己的缺点，这才得以屡屡升职。

表面上看，胡惟庸截留奏章，似乎可以保护自己的仕途，加强自己的权力。他将对自己不利的奏章藏匿起来，"事缓则圆"，

第二章 十面埋伏

可以暂时防止皇帝看到这些奏章，从而保护自己不被追究和罢职。大权在握的他也可以更加有效地掌握各部门的动向和情况，赢得其他官员的尊重和信任，从而增强自己的信誉。

胡惟庸这样干，的确在短期内收获了丰厚的物质利益，但贪污腐化问题日益严重。各地那些着急升官发财的人、四方躁进之徒为了升职、保住官位，以及功臣、军事官员中那些失职的人为了免于受惩罚，都争相找胡惟庸当政治靠山，拜到胡惟庸的门下，送上金帛、名马、珍贵文物。胡惟庸得到的贿赂不可胜数。

截留各部门上奏朱元璋的专报密封奏章的行为确实能够加强自己的权力、保护自己的利益，但这无异于在刀口上舔血、在刀尖上跳舞，对胡惟庸弊害无穷。

胡惟庸的这种行为属于不忠，在政治上是不被允许的。皇帝朱元璋的权力和影响力是至上的，他的指令和指示必须被各级官员所遵守，下面情况也不能对他隐瞒。官员必须遵守一定的道德规范和行为准则，不能利用自己的权力来谋取私利。

然而，这些规范和准则被胡惟庸忽视或者违反，胡惟庸试图利用自己的权力来获得更多利益。他瞒上欺下，让皇帝不能掌握下面的真实情况，损害皇帝的权力。这种行为会破坏各部门之间的协作，导致工作效率低下，误了国家大事。

从不同的角度看，胡惟庸行为的风险度都极高。

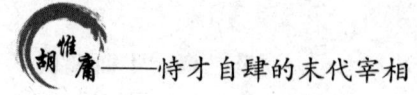

而朱元璋是历史上反贪力度最大的皇帝，用凶猛的手段进行惩罚是他对付这些人的惯用手段。查处胡惟庸，只是时间的问题。

二、不是所有家奴都能收买

头号武将、魏国公徐达非常痛恨胡惟庸的不法行为，利用与朱元璋私下会面的场合，将胡惟庸的奸邪、违法行为，神色从容地讲给了朱元璋。

朱元璋听后，并没有说什么。

徐达和朱元璋的关系之亲近，让胡惟庸望尘莫及。

徐达是濠州（今安徽凤阳东北）人，和朱元璋年少相识，感情非常好。朱元璋被孙德崖的军队囚禁时，徐达还救过他的命。论军功，徐达在武将中排名第一，几乎百战百胜。

从胡惟庸任中书左丞起，两人的合作基本还算顺利。但是，看到胡惟庸在中书省的一些做法后，徐达对他有了看法。其他大臣不敢拿胡惟庸怎么样，但是徐达不怕。他在朱元璋面前从容述说胡惟庸的不法行为，建议对胡惟庸不可过于委以重任，否则，承担重任的胡惟庸一定会失败。

徐达的话很有分量，朱元璋不可能不对胡惟庸产生负面印象。

第二章　十面埋伏

胡惟庸和徐达反目的具体原因，根据史书记载，是胡惟庸欲攀附徐达，搞小圈子自保。正直的徐达拒绝了他，对他的做法表示厌恶，并建议朱元璋不要重用胡惟庸。徐达的看法和刘基基本相同。

徐达揭其短的事情被胡惟庸知道后，胡惟庸不思悔改，怀恨在心，就和徐达较上了劲。

自私狡猾的胡惟庸于是想陷害徐达，巩固自己的地位。胡惟庸欲用物质贿赂、诱惑徐达的守门人福寿，暗地为自己所用，让他告密，图谋暗算徐达。但是，福寿是个明白人，不贪财，非常了解徐达的性格和为人，因此没有上胡惟庸的当。他担心徐达会遭到陷害。他不仅不愿意加害主人，反而向自己的主人徐达揭发了胡惟庸的阴谋。

胡惟庸又一次看错了人。

福寿的揭露，为徐达提供了翻盘、避险的机会，让他摆脱困境，避免被陷害。徐达隐忍不发，没有正面对抗胡惟庸，而是通过向皇帝建言削弱胡惟庸。

在政治斗争中，勇气、正直和道德标准是非常重要的，使用自私和狡猾的手段会被朱元璋归入小人之列，可能会导致严重的后果。

胡惟庸为何敢向徐达"开战"？

胡惟庸敢向徐达"开战",带有不知天高地厚的赌徒心理,没有这样的冒进、犯上心理,他也当不上左丞相。

更重要的是,胡惟庸看到了徐达和朱元璋的感情也并不是铁板一块。

朱元璋一向爱憎分明,功过是非分得十分清楚,有功则赏、有过必罚。朱元璋曾因陈保二降而复叛事件严厉地批评了徐达。

陈保二是常州人,最初率众起义,以黄帕包头,自号"黄包军"。徐达的部下汤和攻下镇江后,陈保二率黄包军投降。但是投降以后,陈保二又心生怨恨,将詹、李二将诱执而去,又投靠了张士诚。

朱元璋非常生气,调查陈保二叛变的原因,原来是诸将不能严格管束自己的部下虐待降卒、侵占陈保二的财产造成的,导致对方心生怨恨而叛变。而徐达进攻常州又久攻不下,朱元璋狠劲一上来,命自元帅徐达以下的军官皆降一级,写去书信,批评徐达等人说:"虐降致叛,老师无功,此吾所以责将军。其勉思以补前过,否则,必罚无赦。"

徐达吸取了教训,严肃军纪,重兵围困常州,并日夜寻找战机,终于大破守军,成功占领了常州城。

即使在明洪武三年(1370)大封功臣时,朱元璋对各位功臣的错误也毫不回避,直接当场宣布。

第二章 十面埋伏

于是胡惟庸努力寻找徐达的破绽，企图找到进攻的缝隙。终于发现徐达的软肋在他的妻子——谢翠娥。

谢翠娥是谢再兴之女。天下争霸之际，谢再兴本来是朱元璋手下的一员大将，是诸全守将、枢密院判官。朱元璋一向霸道，徐达和谢翠娥的婚姻，就是朱元璋一手促成的。本来是一桩很好的婚姻，但是因为朱元璋不按流程办事，引发了一系列乱糟糟的事，朱家和谢家为此结下血海深仇。

淮西子弟打下滁州后，投奔朱家的人比牛身上的虱子还多。朱元璋找回了失散多年的两个亲人，一个是他大哥朱兴隆的儿子朱文正，另一个是二姐朱佛女的儿子李文忠，双双加以重用。

朱元璋见了亲人分外高兴，就自作主张，把谢再兴的大女儿谢翠英嫁给朱文正，又把次女谢翠娥嫁给徐达。朱元璋做事一根筋，都没有和谢再兴事先说一声，就直接把他的女儿们嫁出去了。

朱元璋夺取浙西后，封锁了张士诚的对外贸易，要断绝他的财源，把他困死穷死。但谢再兴不听命令，派两个心腹左总管、糜万户，在张士诚的地盘杭州走私。

朱元璋知道这两个人泄露机密、不守纪律，把这两人逮住杀了，把血淋淋的人头给谢再兴送去，挂在他的厅上。

谢再兴尽管大怒，但也及时将功补过，大败张士诚军。谢再兴奉命回到建康时，才知道两个女儿已经出嫁了。古代婚姻讲究父母之命，可朱元璋在谢再兴不知情的情况下，就把他两个女儿嫁出去，谢再兴觉得朱元璋不尊重他，为此恼恨不已，怀恨在心。

朱元璋也因为谢再兴在杭州地盘走私的事情，对他有了戒心，派参军李梦庚到诸暨（今浙江绍兴市内）接管了谢再兴的人马，将谢再兴降为副将，尽管还是参与保卫诸暨，但是李梦庚事事压他一头。

谢再兴不服气，非常恼火，大怒道："嫁我女儿，不让我知道！现在又让我听别人摆布！我怎么咽得下这口气？"于是一气之下，把李梦庚、元帅陈元刚等人活捉，还杀了知州栾凤，投奔了张士诚。

谢再兴倒戈的不是时候，狠狠地戳到了朱元璋的痛处。这正是在鄱阳湖决战前夕，朱元璋处境艰难，分身乏术。陈友谅的大将张定边攻打饶州，朱元璋遭遇惨败；张士诚又攻打安丰，朱元璋前去救援。洪都（今江西南昌）处境危急，朱文正拼命死守。洪都之战，事关全局胜败。朱元璋去解救洪都时，谢再兴竟然倒戈，所以朱元璋特别恨谢再兴。

谢再兴投奔张士诚的时候，谢翠娥两姐妹都在南京，毫不知情，恩怨分明的朱元璋没有为难她们。

第二章 十面埋伏

谢再兴叛变后，境况越来越差。

他进犯东阳，败于左丞李文忠。张士诚派李伯升再战，号称六十万人，李文忠从容布阵。黎明时分，两军大战，李文忠跃马挥槊，直冲对方中坚，敌军不敌。谢再兴等人遭遇大溃败，逃跑者自相践踏，战死者数以万计。

后来张士诚死了，谢再兴被杀，谢家的男丁被朱元璋杀了个干干净净，只剩下一堆女眷。

尽管朱元璋对徐达很好，但是徐达的岳父背叛自己、投降张士诚的事情，像一根刺，在朱元璋的心里扎了一辈子。

谢翠娥自幼习武，跟着父亲谢再兴作战，屡立战功。她臂力过人，使百斤大铁锤，有万夫不当之勇。和徐达结婚后，按照军纪，所有将领的家眷要留居后方，不得随军。但谢翠娥非一般女子，被朱元璋特许随军，帮助徐达作战。

谢翠娥和马皇后经常走动，关系极好。

一次谢翠娥入宫朝贺时，心直口快的她见皇宫金碧辉煌、十分气派，忍不住对马皇后夸奖："你家真不错，太好了！我家没有你家好啊！"

马皇后将她的话告诉了朱元璋，说道："魏国公夫人这种枕边之言，中山王徐达听了，难道没有动心吗？"

朱元璋思忖：她难道想弄个大皇宫不成？他猜测谢氏心怀僭

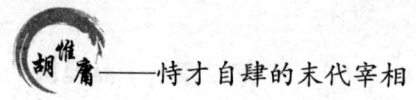

逆，但是徐达未必敢。又想起她父亲叛变的往事，心里十分不爽。

不几日，朱元璋在内庭设宴款待徐达。

席间觥筹交错之时，朱元璋派一名勇士到魏国公府杀谢翠娥。

那勇士身手十分了得。谢翠娥使百斤大铁锤与之搏斗，不一会儿，那勇士就将大铁锤挑飞，把谢翠娥杀掉。

朱元璋端起酒杯，兴奋地给徐达敬酒，说道："你就放心吧，从今以后，你可以免除族诛大祸了！"

徐达听着发晕，也不敢多问，只是喝酒，却不知夫人已经死了。

等宴席吃罢，徐达回到家里，只听闻一片哭声，看到妻子冰冷的尸体，才明白是怎么回事。

可是面对杀妻之恨，他不敢说个不字，只有闭门不出。

妻子死后，徐达悲伤过度、急火攻心，朱元璋的猜忌之心让他如芒在背。过了一段时间，徐达背上长了一个恶性肿瘤，越长越大，医生用尽中药药方，始终无法医治。

据说徐达最爱吃鹅肉。朱元璋不知道是好心还是故意，趁徐达病重，偏偏赏赐蒸鹅给他吃。不吃就是违抗皇命，徐达在使者的监督下一边老泪纵横，一边硬着头皮吃下这只致命的蒸鹅，几天后一命呜呼。这当然是野史的说法。朱元璋再无情无义，断不会如此陷害曾经的股肱部下。

徐达去世的时间正是明洪武十八年（1385）二月，时年54岁。

朱元璋听到太傅、魏国公徐达死了，心里着实悲痛了一阵子，整夜无法入睡，还唏嘘流泪。他也不上朝，休息了几日，依然怆然不乐，沉浸在丧失左膀右臂的悲痛之中。

朱元璋对群臣回忆起自己从平民起家，徐达是他的得力助手、亲信，东征西讨，消灭了众多敌人，悲痛地说道："朕夜来竟夕不寐，欷歔流涕，思尽心国家为社稷之重，安得复有斯人？今欲有以报之，无所用其情耳，但著其勋烈，宣于金石，永垂不朽，使后世知斯人为开国之元勋也。"（《明太祖实录》）

朱棣对岳父徐达也非常尊敬。朱棣每次敕谕将士，必以徐达为训，在军中称赞徐达："延礼儒士，说古兵法及将帅行事，亲折其是非成败，莫不心服。至料敌制胜，与汉唐名将等，而忠义仁厚过之，故能辅成帝业，为开国功臣第一。"（《明太祖实录》）

三、神算子失算了

胡惟庸是一个不能团结不同意见的人，对仇人总是睚眦必报，加以迫害。

胡惟庸的仇人之一，就是刘基。因为刘基是李善长的死敌，自然也就成了他的死敌。

刘基，字伯温，青田（今浙江省南部、瓯江中游）人。他是个有大智慧的人，于元代末年考取进士，到江西高安县担任八品官的县丞。他曾在闹市书肆见到一套天文书，借阅过来，第二天来还的时候，竟倒背如流。书店老板闻之大惊，以为遇到天人，要把这套书送给刘基。可是刘基推辞道："已得之矣。"

在高安，刘基又得到贤人邓祥甫的传授，由此精通天文、术数之学，不久离别老师，挂冠而去。

后来来到杭州，担任江浙儒学副提举。

一日，他与鲁渊等友人畅游西湖，正好有一朵奇怪的云起自西北，移向东南，其光照耀湖中。

鲁渊等人以为这是祥云，正要赋诗一首，只有刘基独自纵饮不顾，徐徐对他们言道："此天子气也，应在金陵十年后，当有王者起其下。"

杭州此时还是陈友谅的地盘，处于全盛时期。鲁渊等人大为惊骇，以为刘基是狂人，怎么就看中了扎根南京、实力尚且弱小的朱元璋？

恰逢方国珍兄弟起兵于浙东海上，元行省左丞朵儿只班率兵讨伐，反被方国珍俘虏。元廷拿方国珍没办法，起用刘基为浙东

第二章 十面埋伏

元帅府都事,来对付方国珍。刘基招募兵勇,围剿了农民起义军。

刘基有功,本应升迁,但是元执政只授予刘基为处州路总管府判官。刘基不肯受职,索性辞了职位,逃回老家青田山中,隐居起来。

朱元璋占领婺州、括苍之后,久闻刘基大名,特地派遣使者,带着束帛,登门请他出山。

刘基听说使者来意,大喜过望。

他一向认为金陵当有王者兴,而朱元璋威德日盛、求才若渴,此时正是大展抱负的好时机,因此欣然与好友龙泉章溢、丽水叶琛等三人来到金陵,投奔朱元璋。

刘基见到朱元璋,上陈时务十八策,以为见面礼。

朱元璋大喜过望,全部予以采纳,并嘱咐刘基:"先生倘有至计,毋惜尽言。"智者与贤君的故事由此开启精彩的篇章。

陈友谅进攻南京,诸将建议朱元璋亲自带兵抵抗。然而朱元璋说出心中之计:"今天道后举者胜。若伏兵江岸,俟其至而击之,可以成功。"众人争得不可开交。刘基刚好从外边回来,也赞同朱元璋的意见。于是大家决定对陈友谅展开伏击。陈友谅果然气势汹汹地杀到,朱元璋的伏兵四起,杀得陈友谅大败而逃。

朱元璋再次和陈友谅将战于江西九江,问计于刘基。刘基认为此战必胜,说:"今天象,金星在前,火星在后,此天命也。"朱元璋大喜,立即命令出兵,进攻皖城,然而从天亮一直打到黄昏时分,整整一天都未能攻克皖城。

刘基献计,要径直进取江州。朱元璋立即采纳此计,率军西上。陈友谅见势头不妙,率众人逃向湖广,江州果然投降。

刘基在很大程度上影响了朱元璋的决策,而且次次成功。

刘基母亲去世,奔丧经过浙江衢州。苗军发生叛变,杀掉金华守将胡大海、处州守将耿再成、孙炎等几员大将。夏毅守衢州,城中军民人心不定。刘基出谋划策,以祸福晓谕各军,众人才安定下来,加强防守,并派人通知下辖各县固守待援。待平章邵荣等人率军赶来,收复城池,擒拿其首领贺、李二人。

尽管刘基身在外地,不在南京,朱元璋也时时派人送书信向刘基问计,刘基随问条答,处理妥当,悉合机宜。

在战略决战前夕,刘基又帮朱元璋定下大计。

当时,最富有的张士诚占据浙西,实力最强的陈友谅占据湖广。有人建议:苏湖土地肥沃,地理位置又逼近金陵,当谋先取。但刘基反对先攻打张士诚,主张应先灭掉陈友谅。

继而陈友谅气势汹汹地来攻洪都,朱元璋率军亲征,双方大战于鄱阳湖。胜负未决之时,刘基请朱元璋移军湖口,等待金木相犯之日取得决胜。朱元璋听从刘基的建议,果然以少胜多,取

第二章 十面埋伏

得鄱阳湖决战的胜利。

后来,刘基任太史令。

一日,刘基见太阳有黑子,便对朱元璋说:"东南当失一大将。"不久,参军胡深进攻福建失败而死。

朱元璋晚上做了一个梦,对刘基说道:"吾昨梦三人头上有血,以土傅之,此何应也?"刘基回答道:"三人头上有血,众字象也,以土傅之,乃得众、得土之兆,后三日当有报至。"过了三天,海宁果然全城投降。

因为刘基料事如神,佐定天下功劳很大,因此朱元璋便授予刘基弘文馆学士,封诚意伯。

虽然刘基和朱元璋相处不错,很受重用,但是以李善长、胡惟庸为代表的淮西文官集团,长期把持朝政,对浙东集团的人,包括刘基在内,排斥得很厉害。

再加上刘基当御史中丞时,严肃纲纪,得罪了一批勋贵,在朝廷上基本吃不开。而且朱元璋在决定丞相人选时,刘基说胡惟庸的那番话让胡惟庸气得牙根痒痒,恨死了刘基。

刘基的麻烦大了,纵有天才,终究难逃小人之手。

李善长、胡惟庸时刻想着整治刘基,没有条件也要创造条件。

他们终于找到了整刘基的抓手——谈洋事件。

谈洋这个地方，历来比较乱，处于浙江、福建交界处，属于"三不管"的蛮荒之地。以前属于方国珍的地盘，是他的兴起之地。起义军纵横于瓯江流域、括苍山脉之间，神出鬼没，来去如风。朱元璋虽出兵剿灭了方国珍，迫使他投降。但是，大明建立后，当地盗匪活动还相当猖獗，煮海盐、走私海盐的生意一直没有断绝。

刘基已经病退在家，完全可以当个甩手掌柜，对此可以熟视无睹。但是作为士大夫的一员，强烈的责任心和使命感驱使他又拿起了毛笔。

为了根绝盗匪，使当地长治久安，刘基献上一计——在此地设立巡检司。

巡检司在明代为县级衙门之下的基层组织，相当于乡镇的临时治安派出所，职能主要是捕盗和维护地方治安，功能以军事为主。

朱元璋采纳了刘基的建议，在谈洋设立巡检司剿匪，检查来往客商。当地的治安遂有所好转，但是当地百姓不能走私私盐、断了财路，就找理由对抗巡检司，说这块地属于温州，百姓在此经办实业，并非无人管的隙地，拒不配合。从福建西北部山区茗洋逃亡过来的起义军，也来到这里作乱，处置当地老吏、劫持郡县官员，当地却怕担责，隐匿消息不上报。

第二章 十面埋伏

刘基心忧国事,看自己苦心建议设立巡检司,当地矛盾还这么深,他实在看不下去了,令长子刘琏赶赴南京,直接找到朱元璋上奏此事。

刘基没有想到,胡惟庸会从中插上一脚。

胡惟庸当时担任中书左丞,掌管中书省,作风一向霸道,而且与刘基关系本就很僵。按照胡惟庸的套路,什么事情都要先经过他的手,才能报告朱元璋,直接报告朱元璋便是越级汇报,坏了他的铁规矩。

而按照刘基的套路,自从出山辅佐朱元璋以来,他就是直接跟朱元璋联系的,两人多是密谋,"知无不言、言无不用,急难之时,计画立就,外人莫能察",这才成就天下奇功。

胡惟庸本来就恨刘基看扁他,这次以为找到了整人的把柄,对刘琏不先经过中书省而直接越级向皇帝汇报一事大发雷霆。胡惟庸盛气凌人地指使刑部尚书来负责整治刘基。

有一名老吏向刑部诉称,刘基是贪图谈洋的风水,想要作为自己的墓地,而当地百姓死活不肯给他,所以刘基怀恨在心,特地建议设立巡检司,实际上是欲驱逐当地老百姓,以不法手段获取那块风水宝地安置自身。

胡惟庸等人颠倒黑白,将所有罪名都往刘基身上推。反正刘基已经病退,在朝中人走茶凉,这下使劲欺负他,也没人为他撑腰了。奏疏交上去以后，胡惟庸请求对上下政府部门进行严惩，又欲将刘基的儿子刘琏抓捕入狱。但朱元璋已经让刘琏回家，逮捕刘琏一事就不了了之了。

刘基知道有人弹劾他，非常忧虑，知道人走茶凉、帝王起了疑心。要保住自己的性命，只有不管年高体病，立即亲自从老家来到南京，低头向朱元璋负荆请罪了。

胡惟庸就谈洋事件亲自向朱元璋汇报，添盐加醋地向朱元璋说了一番，事情越描越黑。胡惟庸相当精明，拿捏住朱元璋害怕什么，使出了指鹿为马的本领，想置刘基于死地。刘基本来是为了守护一方安宁献计，结果被这伙人说成了是为夺取有王气的高级墓地的自私之人。

朱元璋对胡惟庸关于"谈洋地有王气"的鬼话，相信一些，也并非全信。但他对神机妙算的刘基产生了忌惮之心，便以刘基为勋旧，赦免其罪，不予追究，但是剥夺了他的俸禄作为惩罚。

见到朱元璋之后，刘基一顿自责，不敢自辩，现在辩驳，反而会加重朱元璋的疑心，惟有引咎自责不已。向朱元璋请罪之后，刘基还是不敢回乡，居于京师，每天活得战战兢兢，最后忧愤成病。

刘基之病，正是心病。刘基退避家居养病之时，惟有饮酒、弈棋，不问世事，怕胡惟庸抓住什么把柄。

第二章 十面埋伏

尽管李善长和胡惟庸让刘基丢掉了退休金，但是仍然不解恨。

明洪武八年（1375）正月，刘基重病，皇帝派人慰问他，慰问团团长正是刚刚担任右丞相的胡惟庸。胡惟庸思忖：此番真是新仇旧恨一起算的天赐良机。

朱元璋不是不知道刘基与胡惟庸之间的过节，让仇人胡惟庸慰问他，是何居心？刘基不敢想，只有小心提防。

胡惟庸借这次春节慰问之机，带了一个医术高明的医生去给刘基看病，开了一些中药带去。

刘基没料到胡惟庸竟然这么胆大，在药中做了手脚。刘基吃药之后，病情没有好转，反而加重了。刘基肚子里出现一块硬邦邦的肿瘤，感觉有一个像拳头般大小的石块塞在腹中。

刘基不想这么死去，谢绝了其他人送来的药物，并渴望将自己中毒的消息告诉朱元璋。因为只有朱元璋，可以治胡惟庸以及他背后的李善长。

二月的一天，刘基抱病觐见朱元璋。朱元璋关切地询问他的健康状况。

刘基说，胡惟庸带着御医来看病，但是服用御医所开的药之后，身体反而每况愈下。

朱元璋并没有听出什么弦外之音，安慰他宽宽心、好好养

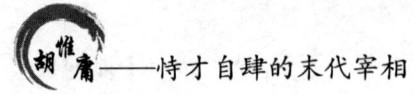

病。

刘基不好敞开说,藏了一肚子的话,神情落寞地退出皇宫。

到了三月,刘基已经病入膏肓,无法自由下地活动,饮食起居、走路都相当困难。

朱元璋看刘基久疾,心生怜悯之心,命令驿站派人将刘基送回乡里,还亲自写文章送别。称刘基为"括苍奇士,英才伟器,海内知闻"。还说他因触犯了国家的法律而不得不被削夺俸禄,自己很是怜悯,于是让他回乡安享晚年。

刘基的病情越来越重,仅仅居家一个月,六十五年的人生之旅就结束了。这正是:"人生无百岁,百岁复如何?古来英雄士,各已归山河。"(刘基《绝句·人生无百岁》)

刘基临死前几天,还心忧天下,将收藏的天文书交给刘琏,叮嘱他在守丧期满除服之时进献给朱元璋,并且告诫他,不要让后人学习这本奇书。刘基又告诉次子刘璟:"吾欲奉遗表,不及矣,且欲劝上修德省刑,祈天永命。为政宜以宽猛相济,天下诸要地,宜使与京师形势连络。吾死后,上如问我遗言,当以是密奏之。"(《明太祖实录》)

刘基没有写遗表的原因,也是因为吃了谈洋事件的亏,有胡惟庸在朝廷掌权,写遗表不但无益,反而会生事。

朱元璋当时对刘基被毒害一事并不知情,刘基生病不是一天

第二章　十面埋伏

两天了，病死也是很正常的事情，因此朱元璋对此没有起疑心。

朱元璋痛悼刘基，给其家人的赏赐甚为丰厚。

刘基的儿子刘琏在江西做官，朱元璋非常欣赏，想大力提拔，因为胡惟庸等人的反对，刘琏官运不济，竟然于明洪武十年（1377）为胡惟庸党所胁，堕井而死。

后来，中丞涂节告发胡惟庸逆谋，并称是胡惟庸毒死刘基的。朱元璋便把刘基之死算在胡惟庸头上，对刘基的儿子说，满朝都是淮西集团的人，只有你父亲，不跟他们同流合污，所以吃了他们的"蛊"。

也有人怀疑是朱元璋本人要毒死刘基，胡惟庸只是奉命干脏活而已，对刘基儿子说的话全是演戏。这只是凭空猜测。在笔者看来，朱元璋无论多么心狠手辣，都不会加害自己最信任的徐达、汤和和刘基。连自己的主要谋士都要谋害，这样的皇帝在历史上还是很少见的。

四、"躺平"装死真的会死

明洪武十二年（1379）是右丞相汪广洋最艰难的一年，经历了从受信任到失宠"过山车"一般的过程。

那年春天到来之前，这个右丞相的日子过得还是不错的，担当政务重任，还频频主持国家大典。

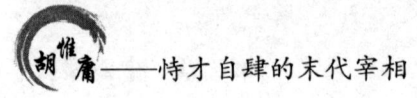

明洪武九年（1376）二月，作为御史大夫的汪广洋被派去主持祭奠先师孔子大典。

明洪武十年（1377）春正月，主持祭奠孔子大典的还是御史大夫汪广洋。

明洪武十一年（1378）春正月，朱元璋命皇太子朱标到中都祭祀皇陵，陪同人还是中书右丞相汪广洋。

国家大典派汪广洋主持，可见他和朱元璋的关系并不糟糕，甚至还很亲密。

明洪武十二年（1379）春正月，朝廷合祀天地于南郊大祀殿，命魏国公徐达及公侯等分献日月星辰、岳镇、海渎、山川诸神共十七坛、正殿三坛。礼毕，朱元璋来到奉天殿，百官行庆成礼，大宴群臣于此殿。

这次祭祀，天气非常好，天宇澄清，云彩、星月的亮度似乎都恰到好处。朱元璋那天也心情愉悦，对自己简化祭祀仪式颇为自得，他认为凡是拥有国家的人，一定要把祭祀的事情放在首位，还强调礼仪必须以真诚为贵，礼节不可过于烦琐，敕中书省大臣胡惟庸等人说："若措礼设仪文饰太过，使礼烦人倦而神厌弗享，非礼也。"

对汪广洋的祭祀工作，朱元璋也不是很满意，后来有批评他"事神治民，屡有厌怠"的评价。

第二章 十面埋伏

到了当年二月,祭奠先师孔子的带头人换成了左丞相胡惟庸。

八月,右丞相汪广洋身体抱恙,因为中暑,请了多天病假,不参加早朝。朱元璋在朝廷上见不到汪广洋的身影,对他的病情十分关心,下敕诉说想念,希望他保重身体:"朕每旦临朝,未尝不念卿。然智人达士,惟顺时调护则神气清爽,小小疾病自不能为害也,以此劳卿,体予至意。"(《明太祖实录》)

汪广洋身体差,也与他耽于酒色有关。他对酒色的沉迷加重了,对于政事就越加荒废,处理政务多有延误。又与胡惟庸同在相位,对胡惟庸所为不法之事,汪广洋装聋作哑、知而不言,只求浮沉守位而已。他以为这样的岁月静好可以持续下去。

然而,随后一件大事,彻底葬送了汪广洋的一切。

九月,占城(今越南中部)大使团来南京朝贡,胡惟庸等人又照例隐匿,不及时上报。

这个使团是占城国王阿答阿者派遣来的,团长是大臣阳须文旦,进献国表及大象、马等当地"特产"。而占城和安南(今越南北部)是世仇,安南总是侵略占城,试图吞并它。占城处于弱势,不断派人来请求朱元璋保护它。占城大使团见不到皇帝,干着急,只能每天在红色的宫墙外转悠,耐心等待机会。

恰好宦官出来办事,在宫外见到了占城大使团的人,一问之

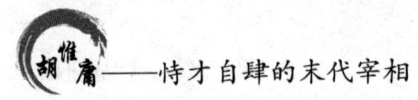

下,才知道是来朝贡的。宦官赶紧去报告朱元璋。

亲密友邦的使者来朝,居然不汇报!朱元璋怒了。

朱元璋急忙召见使者,感叹道:"壅蔽之害,乃至此哉!"

朱元璋是一位有着强烈权威意识的皇帝,他看重的事,必须万无一失地办好。他无法容忍自己的臣子误事、对他不尊重以及对他的权威提出任何挑战,更不用说占城大使来朝贡中书省不报告这样明显的怠职行为了。

朱元璋是个有怒气就要发作的人,不管你职位多高,他一定要斥责一番。他果然怒斥左丞相胡惟庸和右丞相汪广洋"蔽遏远人",没有尽到怀柔四夷的职责。

外交之事和中书省、礼部都有关系。朱元璋斥责中书省大臣说,那些四方的少数民族国家怀着十分真诚的心意前来进贡,却不及时宣告,作为宰相本应是辅佐天子传达命令、安抚四方边远地区的人,竟敢如此吗?丞相胡惟庸、汪广洋等人赶快叩头谢罪,但是都怕担责,于是把"皮球"踢给礼部。礼部大臣见朱元璋怒气冲冲,又把"皮球"踢给中书省。

这种互相推卸责任的行为,让朱元璋更加愤怒。他决定深入调查这个事件的来龙去脉,把这些大臣全部关进监狱,追查对朝贡隐匿不报的主谋。

在追查的过程中,朱元璋得知汪广洋的小妾陈氏竟然是罪犯

第二章 十面埋伏

陈知县的女儿。陈知县犯罪,她的女儿被没收进官府做服务员。按规定,这种妇女只能给功臣家当奴仆,文官之家不能收留。汪广洋身为右丞相也是文官,不允许收留她做侍女。

朱元璋大怒道:"没官妇女,止(只)给功臣家。文臣何以得给?"

汪广洋和小妾陈氏做梦都没想到,因为这一点点小事,竟双双被皇帝赐予重罪。

朱元璋命令法司继续追查,胡惟庸和六部高官全部获罪。

这个事件看似是一个小事件,但其实背后反映了明朝政治的复杂和激烈。政治权力的高度集中和皇权的至高无上,使得任何对皇帝权威的挑战行为,无论大小,都会引发皇帝的强烈反应。

经过此事后,汪广洋更加惶然恐惧。即使身为右丞相,每天也是活得战战兢兢。每一个触犯规则的过错,都被盯得死死的,查出来必会受到严厉批评和处罚。

可是,屋漏偏逢连夜雨,船迟又遇打头风。

明洪武十二年(1379)十二月,御史中丞涂节就诚意伯刘基被胡惟庸毒死一案上奏朱元璋,声称右丞相汪广洋应该知道此事内幕。汪广洋又被刘基的事情缠上了。

朱元璋问及此事,汪广洋回答:"无是事。"声称自己对胡惟庸毒死刘基一事一无所知。汪广洋可能真的不知道,因为他没参与这个事件，只是个局外人。但是也有可能他知道内幕，只是一味自保，只当没看见、没听到，这种行为又属于欺君。

朱元璋听说刘基生病，派时任右丞相的胡惟庸带御医去看病，对于这事朱元璋是十分清楚的，但是他们给刘基饮以毒药，朱元璋却蒙在鼓里。

听到汪广洋否认知道刘基被毒死的内幕，朱元璋大怒，斥责汪广洋结党朋比为奸、欺骗君主，"欺罔不能效忠报国，坐视废兴"，下令将汪广洋贬谪到海南。

汪广洋提着最后一口气，胆战心惊地上船南下。当船行到太平时，汪广洋忽然接到朱元璋快马加鞭送来的诏书。

原来，汪广洋走后，朱元璋想起汪广洋只顾珍惜自己的羽毛，一味充当老好人，"躺平"佛系不作为，从来不匡正上司的错误。在江西时包庇作恶多端的朱文正，在中书省工作时又不揭发杨宪的阴谋，几十年间追随朱元璋左右，却没能举荐一个贤才，于是越想越气，下诏斥责汪广洋浮沉观望，希望他改正前非、有所作为。

汪广洋跪倒在地，从来使手上接过诏书，感觉五雷轰顶。酒色掏空了他的身体，前一段时间生病，这次又遭遇牢狱之灾，还被贬官海南，他本来就抑郁的神经越发恐惧，心里的惭愧让他难以抬起头来。

第二章 十面埋伏

按照《明太祖实录》的记载,朱元璋并非要杀他,只是要他自我好好反省,洗心补过。但汪广洋心理负担实在太重,匡正胡惟庸已经不可能,自己振作起来又缺乏心力,疾病缠身,再加上怕得要死,于是这道诏书成了压死他的最后一根稻草。汪广洋心如死灰,神经彻底崩溃,干脆找了一根绳子,自缢而亡。

但是按照《明史》的说法,汪广洋是被朱元璋下敕诛杀的:"帝怒,责广洋朋欺,贬广南。舟次太平,帝追怒其在江西曲庇文正,在中书不发杨宪奸,赐敕诛之。"

朱元璋给汪广洋安上了搞朋党欺骗君主的罪名,庇护朱文正、不揭发杨宪都是罪证。

汪广洋中庸的一生就此结束。汪广洋居于相位,却死得如此窝囊,是因为他斗争性不足,默默做官,充当老好人,所以人们以庸懦不立来看待他。大抵其相才不足,性格懦弱,与奸人同位而不能除掉他们,最后至于自我覆败。

第三章

大坑套小坑

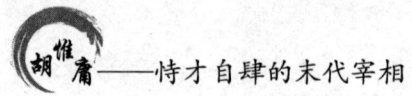
胡惟庸——恃才自肆的末代宰相

一、跌入权臣的大坑

汪广洋不敢匡正胡惟庸的过失，是因为批评、弹劾胡惟庸的人都倒了大霉，因此，像汪广洋这样的"聪明人"，当缩头乌龟最安全。

但是，传统的知识分子中有一个阶层叫作士，他们可以为了君王、国家利益当谏臣，不惜牺牲自己的身家性命也要撼动权臣。

明洪武九年（1376），朱元璋还非常信任胡惟庸等人。

这时，一个官员大胆站出来弹劾胡惟庸，这个官员名字叫韩宜可。

韩宜可，浙江山阴县（今浙江绍兴）人，为北宋宰相韩琦的后裔。明洪武年间担任监察御史（正九品），个性刚直，严持风纪，弹劾官员，不避权贵。他的直言不讳和对腐败的坚决揭露，为自己树立了不少敌人，其中包括最有名的权臣胡惟庸。胡惟庸作为当时的右丞相，对韩宜可的直言不讳深恶痛绝，伺机报复。

明洪武九年（1376），右丞相胡惟庸、御史大夫陈宁、御史

第三章 大坑套小坑

中丞涂节正得宠。一天,他们三人在朱元璋近旁陪坐闲谈,气氛十分和谐。

韩宜可看到他们都在,不管三七二十一,径直来到四人面前,打破了他们悠闲交谈的氛围。

众人正在惊愕之间,只见韩宜可拿出藏在怀中的弹劾奏章,开始高声朗读。

朱元璋耐着性子听下去,其他三人表情尴尬,也不便说什么。

韩宜可说胡惟庸、陈宁、涂节三人"险恶似忠,奸佞似直,怙功怙宠,内怀反侧,擅置台端,擅作威福"。韩宜可乞求将他们三人斩首,以谢天下。

古代的弹劾多是定性类的语言,很少有证据性的内容,找证据还要经过法司审理。

四人听得目瞪口呆,胡惟庸、陈宁、涂节对韩宜可又恨又怕。

朱元璋大怒,大声喝道,这三人的事朕尽知晓,怎会有反侧之心?"快口御史,敢排陷大臣耶!"遂命锦衣卫监禁审问韩宜可。

朱元璋之所以大怒,是要保全胡惟庸等三人的面子。任用个性刚直的人担当御史,监督百官,是他的本意,但是如果御史诬

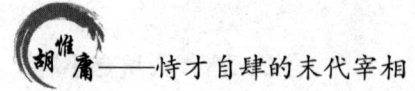

陷大臣，朱元璋也是不会允许的。

在这次弹劾中，韩宜可表现出超凡的勇气和坚韧的毅力。他坚定地选择了与权臣死磕的道路，即使面对生死的威胁也毫不退缩。他的忠诚和勇气打动了朱元璋。

因此，韩宜可只是在锦衣卫监狱中转了一圈，不久就被释放了。

尽管朱元璋这次没有追究胡惟庸等三人的罪行，但是韩宜可当面批评胡惟庸对皇帝不忠、侵夺皇帝权力的说法已经进入了朱元璋的心里，在里面生根发芽。

韩宜可之所以敢硬刚三名政坛大佬，是依靠以朱元璋的智慧和铁腕政策成功建立的一套小官钳制大官的监察制度。在这个制度中，监察御史扮演重要角色，成为朱元璋钳制大官、维持朝廷纪律和秩序的重要工具。

在都察院中，御史的品级较低，只有九品（后来升为七品），但他们的职责重大。他们作为天子的耳目，监督和弹劾官员，上至纠察百司、辨明冤枉、提督各道，下到弹劾小人构党作恶，从学术不端到变乱祖宗制度等。监察御史被授权可以调查和起诉官员的违法行为，包括贪污受贿、滥用职权、违法乱纪等。他们的报告和指控可以直达皇帝，因此对官员施加了巨大的压力。

实际上，御史也是一个专门得罪人的差使，搞不好就会遭到

第三章　大坑套小坑

上面人的打击报复。

朱元璋暗地里对韩宜可的做法还是认可的，因此不久就提拔他当陕西按察司佥事。

那些敢于挑战权威、揭露真相的人，往往要承受巨大的压力和痛苦。胡惟庸对韩宜可的打击报复迟早会到来。

在一次冤案中，韩宜可的清廉和忠诚受到极大挑战。他在陕西按察司佥事任上时，因为不实指控而被判处死刑。朱元璋认为这样的清廉敢言之臣不可草率处置，就在行刑的最后一刻，亲自来到南京谨身殿审问。忽然，天上电闪雷鸣，殿廷为之颤抖。朱元璋感受到了天上降威示警，认为韩宜可是被人冤枉的，于是下诏免罪。刚免罪，这雷声竟然停息下来。韩宜可从容上陈二十余件事情，朱元璋见他说得有理，一一予以批准。

这一事件使韩宜可的名字在朝中传颂一时。韩宜可以锄奸显忠为己任，决心清除朝中的腐败现象。他的公正严明让百官对他颇为忌惮，他的名字也成为正义的代名词。他的决心和勇气，让朱元璋对他更加信任和器重。但经历这场生死劫难，韩宜可对人性的阴暗和官场的险恶也有了更深刻的体会。

胡惟庸大权在握，想要官员们依附自己。然而总有一些人不上他的道。除了韩宜可之外，另一个便是吴伯宗。

吴伯宗，江西金溪人，是明初一位博学多才、刚正不阿的学者和政治家。然而,他的仕途并非一帆风顺,因抗拒胡惟庸的拉拢而被贬谪,最终凭借才华和坚韧的性格得以重返翰林院。

明洪武四年(1371),朱元璋初次开科取士,吴伯宗通过科举考试廷试第一,得到朱元璋的赏识,被赐予袍笏冠服,随即担任礼部员外郎。随后,他与学士宋濂等人一同参与编修《大明日历》工作。

明洪武八年(1375),吴伯宗竟然因为触怒胡惟庸,被胡惟庸以诬陷或恶意造谣的手段打击迫害,被贬到安徽凤阳。但他还是不肯屈服。在凤阳期间,吴伯宗仍然关注国家大事,并写下一篇关于时政的奏疏,上呈朱元璋。文章指出胡惟庸专恣不法,不宜独任以丞相之事,恐怕日久,成为国患,表达了对于时政的关切和担忧。言辞甚为剀切,直言不讳,引起朱元璋的注意,于是将吴伯宗立即召回南京,并赐予袭衣钞锭。由于朱元璋的保护,吴伯宗才逃脱了胡惟庸的魔掌。

吴伯宗详雅博学,其最大的才华在于他援笔立就的本领。

朱元璋给他出了十个题目,命当场作文,他能在瞬间捕捉到题目的精髓,并以精准、生动、峻洁的文字将其表达出来。他的笔触如同一把锐利的剑,一剑挥出,便能切中要害。这种迅速而准确的才思,使他的命题作文获得了皇帝的赞誉。皇帝对他的敏捷才智给予高度评价,赐予其珍贵的织金锦衣,使吴伯宗成为当

第三章 大坑套小坑

时最受瞩目的文人。

后来,吴伯宗因拒绝担任太常司丞、国子司业而忤旨,被贬为金县教谕,还未至就又被召回翰林院。尽管如此,他仍然受到朱元璋的重视,并成为武英殿大学士。

吴伯宗如果不是受到朱元璋的保护,肯定会被胡惟庸逼入绝境。胡惟庸的势力越发炙手可热,敢批评、弹劾胡惟庸的人越来越少。像吴伯宗一样选择真理和正义、即使付出生命代价也在所不惜的人毕竟是少数,大部分人以个人利益为先,选择保持沉默或者投靠新的权力中心。

另外一件事,则证明胡惟庸缺乏丞相的肚量,过于维护私利。即使是一个看似普通的水上交通事故,也能引发一场政治风波。

这个故事的主角是龙江递运所的官员王弘和丞相胡惟庸,他们的命运因为一次船只相撞事件而发生戏剧性的改变。

王弘的父亲王僎,字幼度,为河南祥符(今开封市)人。王僎最初在元朝任国子助教。洪武初年,授翰林修撰,命于大本堂为吴王朱橚讲解经典。他还与宋濂编辑修订《洪武正韵》《昭鉴录》等著作。王僎因为年老,于明洪武八年(1375)五月在翰林待制的职务上退休。

他的儿子王弘,作为龙江递运所的官员,负责运输官方的重要物资,包括军需品和粮食。他的工作就是保证物资能够按时、安全地抵达目的地。然而,这样的工作,很难避免水上交通事故的发生。

一天,王弘负责运送的官方船只与丞相胡惟庸的私人船舶发生了碰撞。起初这只是一起普通的水上交通事故,但双方船员为此争吵不休。

"好你个王弘,我家老爷可是胡惟庸,看他怎么收拾你!"作为丞相的亲信,他们有足够的力量左右事情的发展。胡惟庸的家人回到丞相府之后,向胡惟庸添油加醋地描述了整个事件。他们口中的王弘,成了一个无视丞相权威、不尊重胡丞相的狂妄之徒。而这个事件,成了胡惟庸用来展示以权压人的机会。

胡惟庸大怒,官威发作:"一个小小的物流官员,居然不把我胡丞相放在眼里!"

此时,胡惟庸在中书省的权力几乎无人能及。水上交通事故的责任还没理清,他就利用法律的力量,给王弘扣上了罪名,罚他做劳役。

王弘瞬间成了劳改犯,名誉受到严重损害,生活陷入困境,贫苦无资。

王僎来探监,发现儿子如此困窘,心如刀绞。就在南京市中心找了一个地方开中文培训班,收徒教学,靠收培训费接济儿

第三章　大坑套小坑

子。

　　王僕跟朱元璋还算有点交情，能帮助儿子的也只有皇帝了，但王僕没有因为此事而求助朱元璋。

　　等到胡惟庸败落，一天，朱元璋突然想起朴实正直的教书先生王僕，询问身边的近臣王僕在哪里？有人将王僕父子的境况细细说了一遍。朱元璋心生怜悯，迅速召见王僕，加以慰劳，赐以绮帛，并赦免了王弘，安排舟车，送他们父子还乡。

　　这个故事向我们展示了父爱的伟大、坚韧不拔和朴实正直的品质以及正义的力量。朱元璋对王僕父子的照顾和关注体现了他的仁慈和公正。他并没有因为胡惟庸的权力而忽视王弘的冤屈，反而看到了王僕的正直和付出，并给予他们回报。

　　经过这次事件之后，胡惟庸对家人的嚣张跋扈还是听之任之。

　　胡惟庸的家人行奸利之事，经过关口，又和检查人员发生了冲突，竟然鞭打侮辱关吏。吏员气不过，上奏此事。

　　朱元璋对高官的家人欺辱他人一事感到非常愤怒，于是杀掉了胡惟庸的家人。朱元璋数落了胡惟庸一番，尽管胡惟庸认了错，却声称不知道此事，朱元璋也就没继续追究。

　　朱元璋又追究刘基的真实死因，因为是胡惟庸派医生毒死了刘基。胡惟庸对此惊恐万状，害怕事情败露，于是和同党商议：

"主上草菅勋旧臣,何有我!死等耳,宁先发,毋为人束手寂寂。"

他不想束手就擒、坐以待毙,遂打算先采取行动。但他一个人势单力薄,无法成事,于是他开始寻找大量帮手。

胡惟庸的帮手之一,就是人称"陈烙铁"的陈宁。

二、陈烙铁

陈宁和胡惟庸一样,在《明史》中享有恶名。

陈宁为湖南茶陵人,原名陈亮,通晓经典,有治世之才能。朱元璋爱其才,赐名为陈宁。

元朝末年,陈宁为江苏镇江的一名小吏,后来跟随朱元璋大军来到南京。

当时朱元璋命诸将说说军机大事,但是武将们大字不识几个,文墨不通,要写什么材料、上书言事,都是找土秀才陈宁代为起草。

朱元璋读到陈宁起草的文章非常喜欢,召见陈宁,让他试写一篇檄文。

陈宁来了精神,一挥而就,其文辞意雄伟,很有气魄,朱元璋立即任命陈宁为江南行省椽吏。

当时四方征战,各种文件、情报如雪片一般飞来。陈宁每天

第三章 大坑套小坑

酬答，事无留滞，得到朱元璋的称赞。

陈宁奉命到江苏淮安招兵买马，到高邮时被当地张士诚的士兵抓到。陈宁宁死不屈，后来被释放，回来后升任安徽广德知府。

那年天大旱，百姓粮食缺收，但是民租照旧，陈宁看不下去了，乞求免去百姓税粮，但被朱元璋拒绝。忧心如焚的陈宁来到南京，闯到朱元璋面前，说道："民饥如此，犹征租不已，是为张士诚驱民也。"

诚然，争霸天下之时，得民心者得天下。朱元璋也觉得他说得有理，为争取人心，于是免去了广德百姓的税粮。当地百姓由此感念陈宁。

陈宁官运亨通，一路高升，先后任枢密院都事、提刑按察司佥事、浙东按察使、中书参议。随后，陈宁就遇到了牢狱之灾。

有小奴才举报中书参议陈宁有不为人知的过失，朱元璋亲自审问。陈宁爽快招认，在应天狱坐了一年牢。

朱元璋不以小过而浪费人才。元至正二十七年（1367），朱元璋爱惜其才，命诸将批评陈宁的罪行，宽宥了他，任用其为太仓市舶提举。

明洪武元年（1368），陈宁走了大运，担任司农卿，不久担任首任兵部尚书，官至正部长级。

明洪武三年（1370），陈宁出知苏州，在苏州收获了"陈烙铁"的绰号，因为他征赋十分粗暴、过激，形同酷吏，要求事情快办大办。百姓交税粮交得慢了，他便命令手下把百姓抓来，残忍地施以炮烙之刑。

地方官下了令，手下人无奈，只得硬着头皮照办。那烧红的铁片烙在贫苦百姓的皮肤上，滋滋作响，冒起阵阵青烟。百姓发出撕心裂肺的哀号，有的人甚至扛不住，昏死了过去。那些没交足税粮的百姓见这阵势，哪敢不快交、不足额缴纳粮食？即使家无余粮、忍饥挨饿，也得先完成"陈烙铁"的纳粮指标。

"陈烙铁"政绩显著，官员、老百姓却被他坑苦了。此时的"陈烙铁"已经忘掉为民初心，与时任安徽广德知府为民请命的陈宁简直判若两人。

不久，朱元璋将他派到浙江行省担任参政，还未行，胡惟庸就推荐他担任御史中丞。后来，陈宁兼领国子监事，先后拜为右御史大夫、左御史大夫，成为监察部门的一把手。

担任御史大夫的"陈烙铁"，还是恶劣作风不改，越发威严，仍以严酷手段对待其他官员。可见，这是一个为了官位而不择手段的狠角色。

陈宁如此苛酷、"忠于职守"，连朱元璋在他面前也不敢随便，非常注重仪表，免得被他揪住小辫子。

第三章　大坑套小坑

一次，朱元璋在东阁，脱下帽子放在一旁，正在梳头发。此时，陈宁与侍御史商暠进来奏事。朱元璋觉得以这个样子接见臣子十分不妥，就移步便殿，梳完头、戴好帽子，才来到东阁，命他俩入见。

朱元璋也严厉批评过陈宁，要他不要如此严苛，然而"陈烙铁"心性已定，酷吏本色不改。

陈宁的儿子陈孟麟看不惯父亲这么残暴，数次好心进谏，劝他对百姓和官员把握分寸，不要这么简单粗暴。但固执的"陈烙铁"听不进去，大怒之下，将亲生儿子杖打数百下。陈孟麟被打得奄奄一息，差点死掉。

朱元璋听了关于他们的奏报，深深地厌恶陈宁不近人情的恶毒做法，仿佛自己也受到了冒犯，说道："宁于其子如此，奚有于君父耶！"意思是，陈宁能对自己的儿子下狠手，将来也能对我下狠手。

朱元璋一向对酷吏、残暴之臣非常厌恶，视他们为国家的蛀虫。他曾对皇太子、诸王说："纯良之臣，国之宝也；残暴之臣，国之蠹也。"因此，朱元璋对"陈烙铁"绝不会手软。

陈宁听到自己对儿子下狠手一事触怒了朱元璋，感到非常害怕，但他并没有知错就改，而是走上了一条不归路——与胡惟庸加紧勾结。

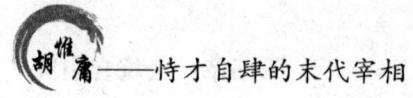

三、擅乘驿车的人

如果胡惟庸真的谋反，作为文臣，他势单力薄。俗话说"秀才造反，三年不成"，要达到目的，必然离不开武将的帮助。

在历史中，武将陆仲亨和费聚都名列"淮西二十四将"，被定性为协助胡惟庸谋反的军事人才。

陆仲亨，濠州（今安徽凤阳）人、朱元璋的同乡，朱元璋麾下的一员猛将。其一生可以总结为：成也朱元璋，败也朱元璋。

朱元璋初起兵时，行军经过某地，在草丛里发现了吓得瑟瑟发抖的陆仲亨。

当年乱兵横行，陆仲亨年方17岁，父母、兄弟全部死了，他成了孤苦无依的孤儿。家中所有的财产荡然无存，只剩一升麦子。

乱兵又来了，到处抢劫财物和粮食。陆仲亨带着最后的这升麦子，藏于草丛里躲避土匪洗劫，不料被路过的朱元璋发现了。

朱元璋冲草丛里的人影呼喊道："来！"

陆仲亨听到有人喊他，再也躲藏不住，心怀疑惧地爬出草丛，见朱元璋不像坏人，还是同乡，便从此跟随朱元璋打仗了。

陆仲亨参与攻打滁州的第一仗便获胜，占领了大柳树诸寨。朱元璋离开郭子兴后，陆仲亨紧紧跟随，成为股肱之臣。陆仲亨随后参加了渡江、取太平、定集庆等一系列战斗，跟随徐达征

第三章 大坑套小坑

战，颇有战功，被朱元璋授左翼统军元帅。从征陈友谅，陆仲亨功劳很大，遂升为骠骑卫指挥使。陆仲亨随常遇春攻打江西赣州，迫使赣州守将熊天瑞投降，陆仲亨升任赣州卫指挥使。

明洪武元年（1368），朱元璋调赣州卫指挥使陆仲亨以及南雄、韶州等卫的军马，配合征南将军廖永忠去攻打广东。

朱元璋谕令陆仲亨等人说："近命平章杨璟等由湖南取广西、平章廖永忠等由福建取广东，今特命尔等率师由韶州直捣德庆。三方进师，为掎角之势，举无不克。广东既下，合兵以取广西，先声既震，势如破竹，但当抚辑生民，毋纵侵掠。"（《明太祖实录》）

陆仲亨率军占领广东英德、清远、胥江、连州、肇庆等郡县。大军进攻德庆，元守将张鹏程弃城而逃。陆仲亨率军在广州和廖永忠会师，迫使元将卢左丞投降，遂平定广东全境。大军纪律严明，不侵扰百姓。

朱元璋任命陆仲亨担任江西省平章政事，后又代替邓愈镇守湖北襄阳，改任同知都督府事。

明洪武二年（1369）八月，朱元璋任命江西行省平章陆仲亨署大都督府事，即代理大都督府主要负责人，暂时在最高军事领导机构担任领导人。大都督府平时受李文忠领导。十一月，朱元璋在南京奉天门大赏平定中原及征南将士之功，参政陆仲亨得到文币的赏赐。

明洪武三年（1370）二月，朱元璋奖赏陆仲亨所部征南将士，"指挥文绮帛各三匹，千户卫镇抚各二匹，百户所镇抚各一匹，战死者倍之，病故者视战死减三之一，军士赐米有差"。十一月，朱元璋大封功臣，封侯者二十八人，陆仲亨在侯爵中排名第三，仅列中山侯汤和、延安侯唐胜宗之后："荣禄大夫、同知大都督府事陆仲亨授开国辅运推诚宣力武臣、荣禄大夫、柱国、同知大都督府事，封吉安侯，食禄一千五百石。"（《明太祖实录》）

在最高军事机构大都督府，陆仲亨也是重要的核心成员。朱元璋命曹国公李文忠负责大都督府，颍川侯傅友德、吉安侯陆仲亨、济宁侯顾时、临江侯陈德、六安侯王志、荥阳侯郑遇春、江阴侯吴良、南雄侯赵庸同知都督府事。

朱元璋又赐功臣守坟人户，让这些人在功臣死后世世代代为他们守坟。韩国公李善长、魏国公徐达、郑国公常茂、宋国公冯胜各有一百五十户守坟人，卫国公邓愈、延安侯唐胜宗、吉安侯陆仲亨、淮安侯华云龙、济宁侯顾时、临江侯陈德、长兴侯耿炳文、靖海侯吴祯、都督孙恪、郭子兴各有一百户守坟人。

陆仲亨位高权重，荣耀之至。

但是，不久，吉安侯陆仲亨就犯了错误。

陆仲亨从陕西回南京之时，和唐胜宗擅自乘坐驿车。

驿车是政府专门用来传递官方文件的，能够保证各地政令畅

第三章 大坑套小坑

达。

朱元璋坚持着非常高的廉政标准，对陆仲亨和唐胜宗公车私用的行为非常生气。

陆仲亨回到南京后，朱元璋罕见地大骂陆仲亨："中原兵燹之余，民始复业，籍户买马，艰苦殊甚。使皆效尔所为，民虽尽鬻子女，不能给也。"意思是：现在中原百姓遭受战乱，刚刚恢复农业生产、买马供应政府，条件很艰苦。如果官员都像你这样揩公家的油，百姓即使卖儿卖女，都活不下去！

不管你功劳多大，只要犯了错误，就必须接受处罚。这是朱元璋的铁规矩。擅自乘坐驿车是严重违纪，作为处分，陆仲亨被削爵，降职为指挥使，停其田禄。

明洪武九年（1376），陆仲亨出守山西代县雁门关，捕捉盗贼，戴罪立功，又和唐胜宗一同恢复爵位。延安侯唐胜宗、吉安侯陆仲亨所食公田米一千石、岁禄米一千五百石的待遇也恢复了。表面上看，陆仲亨擅自乘坐驿车的事情翻篇了，也回到了以前的地位。

明洪武十年（1377）六月，朱元璋命十八名大臣分别祭祀岳镇海渎。吉安侯陆仲亨负责祭祀东镇，延安侯唐胜宗祭祀西镇，平凉侯费聚祭祀中镇。

五镇是历代帝王加封祭祀的名山，是仅次于五岳的五大镇

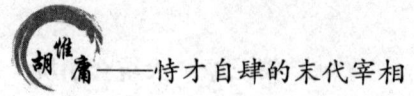

山，即东镇沂山、西镇吴山、中镇霍山、南镇会稽山、北镇医巫闾山。

陆仲亨祭祀的东镇沂山，旧名为"东泰山"，又称"东小泰山"，素有"泰山为五岳之尊，沂山为五镇之首"之说。沂山群峰叠翠，风景幽美，更有壮观的百丈崖瀑布。到达玉皇顶探海石之处，观看东海日出尤佳。

朱元璋对这次大规模祭祀很重视，认为自己攻取天下，是有这些神灵在保佑，将"百神之祀"视为国家首要的事情。朱元璋因国家刚刚建立，不能亲自前往，故选派大臣替自己前去祭祀，可见这些大臣在朱元璋心中的地位。

可是陆仲亨又犯错了。

明洪武十一年（1378）九月，陆仲亨和汝南侯梅思祖因赴召违期违反军纪，遭到法司弹劾。

在军令如山的朱元璋眼里，尽管陆仲亨是他的心腹股肱之臣，但这种行为是不可容忍的。命没收陆仲亨的公田，停发梅思祖的岁俸。陆仲亨和朱元璋的关系再次恶化。

明洪武十二年（1379）二月，朱元璋命信国公汤和率吉安侯陆仲亨、江夏侯周德兴、宜春侯黄彬、巩昌侯郭子兴等人，前往山东临清练兵。

到了闰五月，陆仲亨正在临清练兵，朱元璋给信国公汤和发

第三章 大坑套小坑

去敕令，召吉安侯陆仲亨、江夏侯周德兴、宜春侯黄彬还京。实际是将陆仲亨等人抓捕到南京，进行审查。估计没审查出什么结果，不久便释放了陆仲亨。

陆仲亨和朱元璋不仅仅是君臣关系，两人还是亲家。陆仲亨的儿子陆贤娶了朱元璋的第五皇女汝宁公主，授予驸马都尉，但是朱元璋对亲戚关系和政治利益分得门儿清，对陆仲亨的行为有所警觉，起了疑心。

陆仲亨遭到三次打击，整天忧心忡忡，面无雍容之色，总是哭丧着一张脸，沉默寡言。

人毕竟是感情动物，到了高位，心态都会发生变化。只不过出了一点小事情，竟被这样严苛对待，像一个小兵蛋子遭受重罚，一般人心里难免受伤而有些怨恨。忍气吞声，小事化了；一口气忍不了，则会乱大谋，危及自身。

然而，这些打击似乎不会从本质上动摇他和朱元璋的关系。

另外一名卷入这场政治风暴的武将是平凉侯费聚。

费聚是安徽五河人，也是淮西二十四将之一。费聚跟随朱元璋作战十余年，曾随大军平定陈友谅、张士诚、方国珍、陈友定等。明朝建立后，费聚随傅友德平定云南、大理，统兵平定广南，并镇守云南、贵州等地。费聚的高级职务是贵州都指挥使司负责人、征讨广南总兵官。他的儿子费超在征讨方国珍时牺牲。

朱元璋在赐予平凉侯的铁券上写道:"朕闻历代之君,肇兴王业,贤能之士,多出乡里,所以佐成大业而亲同骨肉也。咨尔费聚,与朕同郡,自列戎伍,从取滁、和、仪真。初授武校,渡江之后,收句容、溧水,定建业、京口、广德、长兴,进居帅职,继戍长兴,同知卫事。浙西之兵侵境,战败之,乃从大将,下吴兴,克姑苏,升掌本卫。又从征四明,由海道而南取三山延平,还军讨昌国余寇,皆预有功。既又从大将平中原,守关陕,其绩尤著。朕念尔初起之旧,十有九年之间,勤劳为多。"(《明朝小史》)

费聚失信于朱元璋,是因为生活作风问题。

所谓"色字头上一把刀,石榴裙下命难逃"。费聚在苏州迷失在了美色之中。

费聚奉命安抚苏州军民,可是一到美女如云的苏州,就禁不起诱惑,露出原形,陷入酒色之中,每天喝酒、沉迷女色,完全忘记了自己的职责。

朱元璋对此十分恼火,命令他去西北招降蒙古人,但他的努力最后也劳而无功,受到朱元璋严厉批评。

在权力斗争的漩涡中,有些人如同飘摇的小船,被狂风巨浪所裹挟,身不由己,一旦迷失方向,便会走上邪路。人们往往会为了自身利益而选择投靠某些势力。

第三章 大坑套小坑

陆仲亨和费聚这两位将领十分恐惧，生怕哪一天小命就没了，每天战战兢兢，如履薄冰。

他们的不安与担忧被胡惟庸看在眼里。胡惟庸暗地以权力胁迫诱惑这两人。这两位将领素来作战勇猛无比，但头脑简单，属于那种只懂打仗的大老粗型猛将。他们见胡惟庸地位稳固，大权在握，于是决定投靠他。

胡惟庸为何要胁诱这两人？因为胡惟庸在朝廷中的地位需要巩固，需要更多的人来为他效力，以维持他的权力。这两名将领的投靠，让胡惟庸在军事上有了更多的筹码。

这两人为何投靠胡惟庸？除了胡惟庸大权在握外，他们自身的恐惧和追求安全感的心理也是原因之一。他们害怕在权力斗争中落败，害怕失去生命。而投靠胡惟庸，至少可以给他们带来暂时的安全感。这两人虽然在战场上勇猛无比，但在权力的游戏中软弱无力、摇摆不定，于是轻易就被胡惟庸所诱惑。

朱元璋的严厉惩罚和不善安抚，使昔日的猛将与自己离心离德。

四、排名第二的侯爵

在接下来的风暴中，唐胜宗是一个很重要的人物。唐胜宗是朱元璋大肆屠杀功臣中死去的最高职务的武将，在二十八侯中排

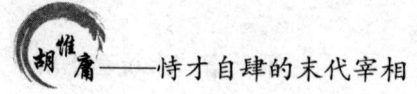

名第二,仅次于汤和。

唐胜宗和陆仲亨可谓是难兄难弟,有功一起赏,有罚也少不了他。唐胜宗的地位甚至比陆仲亨略高,一般排名在陆仲亨之前。奇怪的是,在历史的记载中,除了擅自乘坐驿车外,挑不出唐胜宗的其他毛病。

唐胜宗是安徽濠州人,从18岁起就跟随朱元璋,长期跟从徐达作战,有勇有谋。朱元璋置左右等翼元帅府,唐胜宗和陆仲亨都是元帅。唐胜宗先后参加了攻克常州、宁国、池州、安庆的战役,参与鄱阳湖决战,又参与平定湖广,随大军北伐中原,攻克汴梁。唐胜宗随徐达攻克延安后,任大都督府都督同知。

朱元璋大封功臣时,"荣禄大夫、同知大都督府事唐胜宗授开国辅运推诚宣力武臣、荣禄大夫、柱国,封延安侯,食禄一千五百石"。待遇与陆仲亨相同。

明洪武三年(1370),陆仲亨和唐胜宗因为擅自乘坐驿车,双双被朱元璋严惩——削爵之外,再降职为指挥使。第二年,两人一同出守山西代县雁门关,捕捉盗贼,戴罪立功,又一同恢复爵位。然而,两人所食公田米一千石、岁禄米一千五百石的待遇直到明洪武九年(1376)十二月才恢复。

这是唐胜宗有记载的唯一污点。

明洪武四年(1371)三月,朱元璋将安徽临濠超过

第三章　大坑套小坑

六百五十八顷的山地赐给韩国公李善长等六国公、延安侯唐胜宗等二十五侯以及丞相、左丞右丞、参政等人。赐功臣守坟人户时，唐胜宗和陆仲亨各获得一百户。

此后，唐胜宗积极领导修筑城池。明洪武六年（1373），唐胜宗上奏修筑山西潞州城（今山西长治市），"周五千七百七十四丈，计一夫筑城二寸，合用二十八万八千七百人"，获得朱元璋允许。明洪武十年（1377）六月，唐胜宗又奉命率领军士修筑安徽颍上城，"周三里一百二十七步，高二丈五尺"。接下来的几年，唐胜宗负责监督海运，监督浙江官军修造海船、修城隍庙。

明洪武十四年（1381），福安县八千多名百姓造反，福州中卫指挥佥事李惠、福州右卫指挥张春率兵镇压，起义军不敌，逃进山谷。当时唐胜宗正率军征伐处州、平阳等处，听闻起义军逃走，分遣将士追捕，俘虏起义军二千五百余人，平定了起义。唐胜宗又靠平定浙江起义获得了庄田的赏赐。

唐胜宗从明洪武十六年（1383）起镇守辽东，长达七年，威信大增。当时，明朝与高丽关系不好，朱元璋指示唐胜宗，对高丽"可以绝交，不可暂交"。后来表扬延安侯唐胜宗、靖宁侯叶升不接受高丽使者贿赂，镇守边疆有功。

明洪武二十年（1387），朱元璋加快了统一北方的步伐。春正月，朱元璋在奉天殿接受百官朝贺，大宴群臣。几天后命宋国公冯胜为征虏大将军、颍国公傅友德为左副将军、永昌侯蓝玉为右副将军，南雄侯赵庸、定远侯王弼为左参将，东川侯胡海、武定侯郭英为右参将，前军都督商暠参赞军事，率二十万明军北伐北元悍将纳哈出。又命曹国公李景隆、申国公邓镇、江阴侯吴良等人一起出征。

二月，朱元璋赏赐几名有功的将军，颍国公傅友德获得米一千六百石，东川侯胡海、普定侯陈桓、延安侯唐胜宗各获得米一千二百石。

九月，延安侯唐胜宗也加入了北征的领导层。朱元璋命永昌侯蓝玉为征虏大将军，延安侯唐胜宗为左副将军，武定侯郭英为右副将军，敕谕蓝玉等人说："比者出师，往往北虏纳哈出悉众来归，金山之北可以无虞。此皆卿等克用朕命，建此茂勋。然胡虏余孽未尽殄灭，终为边患，宜因天时，率师进讨，曩谕克取之机，尚服斯言，益励士卒，奋扬威武，期必成功，肃清沙漠，在此一举，卿等其勉之。"（《明太祖实录》）

明洪武二十一年（1388），蓝玉、唐胜宗、郭英遵照朱元璋的部署，继续率军北征，指挥了捕鱼儿海战役。

当年三月，蓝玉率十五万军队，征讨北元嗣君脱古思帖木儿。这一仗，是值得大书特书的一仗，因为它让成吉思汗及其子孙建立的横跨欧亚大陆的蒙古王朝，断了最后残余的一点根基，

第三章 大坑套小坑

在历史长河中彻底没了踪影。

明军出了大宁，来到庆州，蓝玉通过探子得知，元帝在捕鱼儿海（今贝尔湖）驻扎。明军于是从小路日夜兼程，赶至百眼井，此地离捕鱼儿海还有四十里，但不见敌军踪影，蓝玉想退兵。定远侯王弼阻止说："吾辈提十余万众，深入漠北，一无所得，仓促班师，何以覆命？"蓝玉点头称是，命令将士们在地下挖洞做饭，勿见烟火。

蓝玉侦知敌人的大营在捕鱼儿海东北八十余里处。

于是明军趁夜悄悄来到捕鱼儿海附近。元军猜想明军缺乏水草，必不能深入，因此毫无防备。

天上刮起大风，沙尘漫天飞舞，白天好像变成了黑夜。定远侯王弼为前锋，直逼元军大营，而元军浑然不觉。

明军发动突袭，元军大尉蛮子率众拒战，不敌被杀，其余士兵纷纷投降保命。

北元嗣君脱古思帖木儿大败，带着太子天保奴、知院捏怯来、丞相失烈门等数十骑迅速逃跑。蓝玉率精骑穷追不舍，奔驰一千余里，没抓到他们，遂勒马而还。

北元嗣君的次子地保奴、嫔妃公主、吴王朵儿只、代王达里麻等三千多名官员及家属被俘，获军士男女七万，还缴获十五万多头马、牛羊、骆驼，以及三千多辆战车。俘虏们的兵器和铠

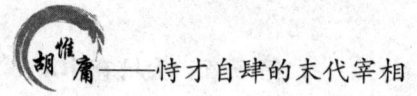

甲，堆成了小山，在一场大火中烧了个精光。

脱古思贴木儿及其子天保奴在逃亡途中死于阿里不哥后裔也速迭儿之手，知院捏怯来、丞相失烈门等不久投降明军。自从元顺帝于元至正二十八年（1368）从元大都出逃后，这个以元帝为首的残元余孽，经过上都、应昌、和林、捕鱼儿海等一系列战役，至此基本瓦解。

朱元璋接到捕鱼儿海大捷战报，大赞蓝玉是汉代卫青、唐代李靖，晋封他为凉国公。

然而，由于蓝玉胆大妄为，非礼了被俘的元主的妃子，导致此女自杀。朱元璋对此万分恼怒，因为蓝玉犯了"勿掠人子女"的天条。

蓝玉得胜还朝之时，朱元璋肯定蓝玉功劳最大，同时也批评他非礼元主妃子之事太过纵欲污秽，而且派人打探朝廷动静也非臣子应有的品德："今闵尔功劳，屈法宥尔，尔其率德改行，以慎厥终。"

蓝玉听了又羞又恼，顿首谢过。

其后，唐胜宗又率师平定了贵州叛乱、到黄平训练军士。

然而，蓝玉的过错给朱元璋留下了非常不好的印象，间接波及了唐胜宗。

一场风暴即将向唐胜宗袭来。

第四章
天威难测

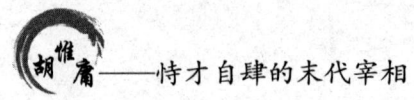
胡惟庸——恃才自肆的末代宰相

一、一群失意者

胡惟庸的老家在安徽定远，老宅中有一口井，水质清冽甘甜。忽然有一天，井中生出石笋，高出水面数尺。这个消息传开后，立即引起了很多人的好奇和关注。

从地质学的角度来看，石笋是经过长时间的水流冲刷形成的，石笋突然出现，不符合常理，除非发生了不为人知的地壳运动。然而，对于胡惟庸及其追随者来说，这是一个祥瑞之兆。他们认为，这根石笋的出现预示着胡惟庸的好运和未来的辉煌。

这种想法并不奇怪，因为在明朝时期，人们对于自然现象和动植物的认知非常有限，所以只要出现新奇、未知的东西，人们就会给它加上各种神秘、超自然的色彩。把没见过的自然现象、动植物称为祥瑞，没见过的云彩叫祥云，没见过的长颈鹿叫麒麟，没见过的双头麦穗也是祥瑞，长得这么快的石笋自然也跟祥瑞挂钩了。

这是奇异的地质现象，还是地壳发生变化了？还是有人人为造假？不得而知。几百年、上千年才能形成的石笋，在几天之内

第四章 天威难测

高达数尺，的确让人感到不可思议。

胡宅井中出"笋"的事情，使拍马胡惟庸的人找到了新素材。许多有权有势的人物，常常利用包括祥瑞在内的各种手段来巩固自身的地位和影响力。胡惟庸也不能免俗。

然而，石笋一事还没有结束。阿谀者又传来好消息，说胡惟庸祖父三世的坟墓在夜晚出现了火光，而且亮度之强，足以照亮天际。对于胡惟庸来说，这更是锦上添花的好兆头，比祖坟冒青烟这样的祥瑞更加讨喜，他相信自己的运势可以与朱元璋比肩，因此野心逐渐膨胀起来，越加喜悦和自负，胸中生出种种异谋。

当时人们对于自然现象和未知事物的理解有限，因此常常把它们用作实现政治野心和迷信活动的借口。胡惟庸利用这些所谓的"祥瑞"之兆来提升自己，为自己的野心背书，最终导致了自己的灭亡。

对权力的过度追求和野心的膨胀往往会导致混乱和灾难。胡惟庸开始网罗同党，准备谋反，暗地策划一场惊天动地的阴谋。

一天，陆仲亨和费聚在胡惟庸家中愁眉苦脸地喝酒，酒酣耳热之际，胡惟庸屏退左右，对他俩说道："吾等所为多不法，一旦事觉，如何？"

这两人听到胡惟庸的担忧后，惊恐的神色溢于言表，然而想来想去，束手无策。

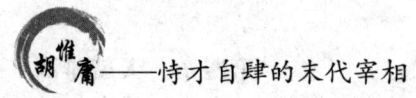胡惟庸——恃才自肆的末代宰相

胡惟庸才告诉他们自己的真实意图：只有反抗才有出路。他密嘱两人在外面秘密收集军马，等待时机，准备造反。

胡惟庸的计划充满了危险和不确定性。他们密谋对抗皇帝，挑战王朝的权威，这无异于引火自焚。当陆仲亨和费聚意识到自己被胡惟庸利用了的时候，已经卷入这个阴谋太深，无法脱身了。

胡惟庸的谋反动机看似复杂，实则简单。其中一个重要原因就是他儿子的死亡引发了一场危机。朱元璋对于这个事件的反应远超出了胡惟庸的预期。

胡惟庸的儿子是"富二代"，仗着"我爸是胡惟庸"养成了一个特别的爱好：喜欢在闹市飙马车。

一次，他又在南京闹市飙马车，驰骤于市，忽然马车发生了极其惨烈的事故，虽然没把别人撞死，倒是车毁人亡，自己坠马摔死了，连马都倒地死了。

在事故现场，只见胡丞相儿子的身体因猛烈的撞击而被压在了车下，可见当时的马速之快、碰撞之猛烈。

胡惟庸对此痛心疾首。冷静下来后，他思来想去，觉得总得找个替罪羊泄愤，不然自己心里实在过不去。因此，他找到了理由：马车出了这么大的事故，是马夫没有把马车套好，才让他儿子在坐马车时出了事故，死于非命。在他眼里，杀个马夫并不算

第四章 天威难测

什么，于是胡丞相一怒之下，一刀把挽车的马夫杀了。

可是，朱元璋却认为此事不小。难道你儿子的命就比马夫金贵？难道你胡丞相的命就比马夫值钱？朱元璋的爱民之心显而易见，先前在铁榜里就约束功臣们不得凌虐下属、百姓，否则严惩不贷。在他看来，胡惟庸随意杀人，无视法律，这是对平民百姓的欺压，是对国家法律、皇帝铁榜的蔑视，是对皇权的挑战。于是，他决定用胡惟庸的项上人头来维护自己的权威和国家法律的尊严。

朱元璋爆发出的雷霆之怒让胡惟庸害怕了，他向朱元璋请求愿意拿出巨额的金帛来赔偿马夫的家属。但是，朱元璋偏不允许，人命关天，这不是钱财能摆平的事情，非要胡惟庸拿一件东西来还，这个东西就是胡惟庸的项上人头！

面对杀人偿命的逼迫，胡惟庸不想死得这么窝囊，于是他加快了谋逆的步伐。他开始秘密联络李善长、御史大夫陈宁、中丞涂节等人，商量造反，暗地通知四方同党以及跟从自己的武将，希望通过谋反逃脱朱元璋的制裁。他还令都督毛骧笼络卫士刘遇宝以及亡命之徒魏文进等人作为亲信得力之人，并明确指示："吾有用尔也。"

胡惟庸曾经与御史大夫陈宁在中书省查阅天下军马籍的档案。这些档案，是明朝军事力量的真实反映，是军事情报的重要来源。皇帝只允许武官查阅这些绝密军事档案，而文官查阅就是犯罪。这是明朝特殊的军事掌控机制——武官掌握军事机密，而文官则被排斥在军事机密之外。可见朱元璋对军队掌控极其严密。而他们，正是通过这些档案，掌握明朝的军事情报，了解朝廷的军事实力。

明洪武十三年（1380），胡惟庸的命运即将走到尽头。

朱元璋上朝，觉得胡惟庸等人举措有异，心里觉得很奇怪。涂节恐怕事情泄露，于是主动站出来举报他们谋反，被贬为中书省小吏的商暠也告发胡惟庸谋反。

朱元璋说道："朕不负惟庸辈，何得至是？"

遂命群臣审问胡惟庸，胡惟庸理屈词穷，见不能隐瞒，于是坦白谋反实情。

胡惟庸的失败，一方面是因为他刚愎自用，另一方面也是他对朱元璋了解不足。他的谋反计划被涂节揭发，最终导致他的彻底失败。

二、连皇帝都敢暗算

胡惟庸的败落，除了涂节自首、商暠举报外，在历史的记载中还有其他版本。

有材料说，胡惟庸准备刺杀皇帝。

第四章 天威难测

胡惟庸的家离皇宫不远。胡惟庸谎称自家宅第中的水井出了醴泉，其味甘甜。常饮醴泉好处多多，可以养生、除病，更可以使人长寿。

朱元璋上了年纪，身体不太好，又对长寿之道颇感兴趣，于是，胡惟庸邀请皇帝去他家观赏、饮用醴泉。如果能请朱元璋像唐太宗在九成宫避暑时掘地成井、命名"醴泉"一样，给自己的水井也命个名，那就最好不过了。

朱元璋点头答应了，挑了一个日子前去观赏醴泉。车驾出了西华门，向胡惟庸的大宅进发。

然而，胡惟庸邀请皇帝驾临胡府，只是一个借口。他已经埋下伏兵，伺机刺杀皇帝。

宦官云奇不知道从什么途径获知这个阴谋，在皇帝出发时突然冲上跸道，勒住马匹，阻止皇帝去送死。

可惜他是个结巴，平时话都说不利索，因为一时太过激动，胸中一口气憋在喉咙里吐不出来，舌头卷得说不出一句话，支支吾吾一通，朱元璋都不知道他在说什么。

正在兴头上的朱元璋异常恼怒，命左右痛殴云奇。这些下人下手也真狠，挝捶乱下，云奇的右手臂当场被打断，本人也快断气。云奇忍住剧痛，依然抬起被打折的胳膊，指向胡惟庸的宅第，不肯退缩。

朱元璋看他一脸焦急，有所醒悟，登上宫墙，遥望胡家大宅，隐隐约约可以看到府里有动静，刀槊林立，怀疑复壁间暗藏有刀斧手。邵荣叛变的往事又浮上心头，朱元璋心里一沉，还是谨慎要紧，于是取消观赏醴泉，打道回宫。

朱元璋立即派出羽林军，对胡宅进行大搜查。然而羽林军在里面究竟搜到了什么，是真有埋伏的士兵呢？还是真有谋反的武器呢？历史记载语焉不详。

胡惟庸随后被捕。在监狱中，狱卒对胡惟庸进行一番拷打后得到了谋反的供状。

朱元璋下令将胡惟庸磔杀于市，夷灭胡惟庸三族，其党御史大夫陈宁、中丞涂节等皆伏诛，株连甚众，僚属、同党至少一万五千人遭到杀害。

三、最信任的人却最不可靠

朱元璋性格暴躁，气度比不上从谏如流的唐太宗，也比不上杯酒释兵权的宋太祖。因为唐太宗和宋太祖出身贵族，至少见过大世面，不是小心眼。而朱元璋出身叫花子，开局一只碗，坐上龙位后，渴望拥有绝对的权力，不想别人拿走半分。除讨饭时求过人，在郭子兴手下低过头外，他一辈子没对谁服过软。他就是一个大独裁者，总是先发制人。胡惟庸碰上这个权霸，成为中国

第四章　天威难测

历史上最后一任丞相，也就不难理解了。

明洪武十二年（1379）九月的占城大使团来南京朝贡事件，使胡惟庸瞒上欺下的行径露出马脚。朱元璋命令法司追查，胡惟庸和六部高官全部获罪。

御史中丞涂节从朱元璋对胡惟庸、汪广洋的打压中，嗅到了危险的味道。告发胡惟庸谋反的，恰恰是他最信任的涂节。

涂节，江西进贤人，担任御史中丞。御史中丞本来就负有查办奸邪的职责。

涂节与胡惟庸沆瀣一气，密谋起事，如果继续走下去，前面将是万丈深渊。不如趁朱元璋打压胡惟庸，就此罢手，并且迎合帝意，告发胡惟庸谋反以自保，说不定朱元璋能饶他一命。涂节正是打着这样的算盘，充当了犹大的角色。

明洪武十三年（1380）春正月，涂节和另外一个人——前御史中丞、此时被贬为中书省小吏的商暠，分别上书皇帝，告发左丞相胡惟庸与御史大夫陈宁等人谋反。

当然，告发他人谋反，要冒极大的风险，因为告谋反不实者要抵罪，就是按照谋反罪来处置胡乱告密者，比元代告谋反不实者只杖一百的惩罚加重了无数倍。朱元璋说："奸徒若不抵罪，天下善人为所诬多矣。自今凡告谋反不实者，抵罪。有司著为令。"（《明太祖实录》）没有确凿的证据，想必涂节和商暠也不敢

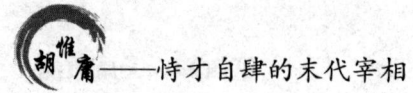胡惟庸——恃才自肆的末代宰相

冒着族诛的风险举报。

涂节还告发了胡惟庸毒杀诚意伯刘基一事。

《明太祖实录》记录了当时涂节告发的细节。

朱元璋在日朝时发现胡惟庸的行为有些异样,颇为奇怪。涂节眼尖,主动站出来揭发:"上日朝,觉惟庸等举措有异,怪之,涂节恐事觉,乃上变告。时商暠谪降为中书省吏,亦以惟庸阴事来告。"

涂节还举报陈宁附和胡惟庸到中书省查阅天下军马图籍、在苏州督催粮饷用烧铁烙人、陈孟麟泣谏被杖打的事情。

涂节的告发让人深思,他或许看透了胡惟庸的野心,或许是出于自身利益、自我保命的考虑,总之,他的告发成为胡惟庸案的关键一环。

朱元璋看到涂节的告发,非常吃惊,说:"朕不负惟庸辈,何得至是(朕不负惟庸辈,怎么会这样呢)?"这句话表明,虽然锦衣卫等在时刻侦察大臣,但是在涂节告发前,朱元璋并不知晓胡惟庸的犯罪动向。只是在涂节举报后,朱元璋快刀斩乱麻,先发制人,根本不给他们任何机会。

此时,朱元璋连问了几个为什么,终于从万分震惊中回过神来,冲天的怒气涌上脑门儿,令将他们交付廷臣审理。

在审理过程中,朱元璋还时常亲临审问现场,试图撬开犯人

第四章 天威难测

严实的嘴巴。胡惟庸理屈词穷，不能隐瞒自己干下的坏事，遂一一吐实。同时也查明了陈宁、涂节谋反的事实。

胡惟庸被查出犯下十几条罪行，还被查出存在违反礼制的行为，这在当时属于比较严重的犯罪。

明洪武二十八年（1395）十一月，《礼制集要》编写成书，其中记载了胡惟庸违反礼制的具体情形。朱元璋对翰林学士刘三吾等人说道："奸臣胡惟庸等擅作威福，谋为不轨，借用黄罗帐幔，饰以金龙凤文。"

原来，胡惟庸使用黄罗帐幔，上面有金龙、凤纹的装饰，这犯了政治大忌，侵犯了皇家的专用权，被视为图谋不轨的罪证，想翻案也是无能为力了。

审理完毕后，群臣上奏胡惟庸等人的罪状，请求诛杀，于是朱元璋立即判处胡惟庸、陈宁死刑。

胡惟庸三族被杀，他自己则被施以磔刑，死得极其惨烈。

磔刑，这是一个在历史上留下深深烙印的刑罚。其残酷性不仅在于将人的肢体分裂，更在于施刑的过程中，犯人会承受无比的痛苦。

关于磔刑有两种解释。汉代以前是分裂肢体的刑罚，也叫"车裂"，俗称"五马分尸"。用绳子一头牢牢地拴住人的头、四肢，另一头连在马上，将人撕成几大块。到后来，磔刑可能不是车裂，而是凌迟，俗称"千刀万剐"，用刀子一点点割犯人的肉，割几千刀，够数才放手。犯人这时多半已经死亡，如果没死，第二天继续行刑。

这种刑罚在中国古代有两次重要的应用，一次是商鞅的死，另一次则是胡惟庸的终局。

商鞅，战国时期的杰出政治家，在秦国实行变法，使秦国强大起来，因为他推行变革，却未能妥善处理相关的政治矛盾，导致他被污蔑谋反，兵败战死，尸身被处以磔刑。

而胡惟庸的结局也同样惨烈。他不仅本人受到磔刑，他的三族——父母一族、兄弟一族、妻子一族全被杀光。诛三族同样是秦代商鞅的法律发明。明代诛三族有几例，胡惟庸之后，下一个就轮到左丞相李善长。

群臣又上奏处置涂节。涂节尽管告密有功，但毕竟是胡惟庸集团的重要成员。廷臣们说："节本预谋，见事不成，始上变告，不可不诛。"廷臣们指出，涂节是胡惟庸的同谋，实际上参与了胡惟庸的谋反计划，只是在计划失败后才中断谋逆行动、转向告发。这种悬崖勒马的行为也是朱元璋不能容忍的，涂节因此被杀。涂节余党皆连坐。

胡惟庸案不仅展示了朱元璋对叛乱的零容忍，也体现了他在政治上的决断和猛烈手段。

第四章 天威难测

在他看来，任何对权力的挑战都是不能被接受的，即使这个人是他的亲信。

四、被历史忽视的商暠

除了御史中丞涂节，商暠是举报胡惟庸阴事的另一个关键人物，尽管他不是一个小角色，但是他在历史中的作用被历史学家忽略了。

从商暠的人生经历中，可以看到他对朱元璋的忠诚。

商暠本来是降臣。明洪武二年（1369）夏四月，徐达大军来到甘肃巩昌，在大将军徐达的猛烈攻势下，元守将平章梁子中、侍郎陈子林等人出降，既而总帅汪灵真保、平章商暠等人也相继投降。

徐达对他们以礼相待，派都督金事郭子兴守卫巩昌城，派人将战俘商暠等人押赴南京。徐达继续进军，派遣右副将军冯胜率将士出征临洮，都督副使顾时、参政戴德各率领本部兵马出征兰州。

商暠来到南京后，受到朱元璋重用，马上脱去战俘的身份，获得广西行省参政的高官职位。八月，商暠赶赴广西，就任广西行省参政。

刚干满一年，商暠就升为吏部尚书。明洪武三年（1370）九月,朱元璋起用了一批人做尚书,其中就有商暠。另外,起居注杨训文为礼部尚书,岳州府知府蒋思德为户部尚书,湖广荆州分省赞理刘大昕为刑部尚书,山东行省参政安然、浙江行省参政安庆为工部尚书。

十二月,吏部尚书商暠为侍御史。

明洪武六年(1373)六月,商暠担任御史中丞,此时他接到新任务:前往河南收集北元旧士卒。

明洪武九年(1376)冬十月,在丞相胡惟庸掌权之时,时任浙江参政的商暠和北平参政唐俊担任刑部尚书,江西参政李敏为工部尚书。

第二年五月,长期担任地方大员、尚书的商暠,在官场中遭遇挫折,被贬为刑部郎中,但是六月又升为太仆寺卿。

到了明洪武十三年(1380)春正月,商暠告发胡惟庸前夕,商暠又犯了事,被贬为中书省小吏。

长期当大官,此时只是一名小吏的商暠心中的憋屈可想而知。要走出职场的低谷,他认为只有举报一条大鱼然后立功这一条路了。左丞相胡惟庸就是这条大鱼。

涂节和商暠的举报,引发了上千上万的人头落地。

胡惟庸等人的死亡,使朱元璋看到商暠的忠心,再度起用商暠,任命其为前军都督府都督佥事。由此商暠脱离政界,开始进

第四章 天威难测

入军界。

商暠前往河南、山东二都司训练军马,随后开赴辽东,参与消灭盘踞在东北的蒙元军队。

明洪武二十年(1387)春正月,宋国公冯胜、颍国公傅友德、永昌侯蓝玉等人率二十万明军北伐纳哈出时,前军都督商暠参赞军事。

商暠的工作很尽职。当年秋七月,守卫大宁的前军都督佥事商暠上奏:"所筑大宁等四城见储粮粟大宁三十一万石、松亭关五十八万石、会州二十五万石,足供数年边用。"朱元璋听闻粮草充足,高兴地对左右说:"国家无事,守在四夷,守边之计,足食为先。今暠所言,储粮足用,边郡之民可免挽运之劳矣。"

后勤保障有力、将士用命,冯胜、蓝玉等人在金山迫使纳哈出投降,大获全胜。

日本倭寇侵扰沿海,商暠又投入抗倭事业。明洪武二十七年(1394)春二月,倭寇侵犯浙东,朱元璋命中军都督府都督佥事刘德、前军都督府都督佥事商暠巡视两浙城隍,检阅军队。复命魏国公徐辉祖、安陆侯吴杰前往两浙,训练海军,同杨文等防倭。

朱元璋以倭夷屡为寇患,命刘德等巡视沿海州郡的城隍,严查城防建筑高度以及士兵器械的数量,仍监督各卫严加防御。遇

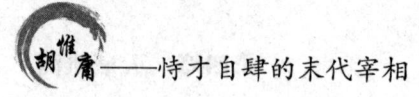
胡惟庸——恃才自肆的末代宰相

有倭寇来犯，一百户所全军出动，这样兵将相知，不致有失误。

五、不只是大清洗

胡惟庸案引发的一场政治大地震在南京骤然炸开。胡惟庸之死，引发了朱元璋对功臣的第一次大屠杀，成千上万颗人头落地，彻底清洗了淮西集团。

胡惟庸是否真的谋反，似乎证据乏力，但是他作为政治大爆炸的引信，则是朱元璋所需要的契机。

作为朱元璋的亲信，胡惟庸的背叛行为让整个朝廷震惊。胡惟庸为官贪腐，还做出杀马夫、揽权等违法行为，的确该杀。如果只是一场简单的司法案件，杀了胡惟庸，这个案件便随之结束。如果再来个政治大清洗，把跟胡惟庸有关的人员进行处理后，这个案件也可以尘埃落定了。

但是，朱元璋的想法远不止于此。他要借胡惟庸案件编织一张无边无际的大网，把那些他想杀的人都网罗进来。他要寻找的这个罪名只能是谋反罪。一旦被扣上这个罪名，便可以大肆连坐，把能攀附到的人全部攀附进来。

在这场肃清逆党的大清洗中，凡是朱元璋认为心怀怨望、行为跋扈的大臣，无论是否与胡惟庸有关，只要给他冠以"胡党"的罪名，便可一律处死、抄家。

第四章 天威难测

胡惟庸案死亡人数,各书记载有差异。《明史纪事本末》记载:胡惟庸案"僚属党与凡万五千人,株连甚众"。《明史》记载:"帝发怒,肃清逆党,词所连及坐诛者三万余人。"这是胡惟庸案和李善长案的死亡总人数。吴晗在《胡惟庸党案考》中说,胡惟庸事件是明代初叶的一件大事,"党狱株连前后十四年,一时功臣宿将诛夷殆尽,前后达四万余人"。从这些记载可知,胡惟庸案死亡人数至少在一万五千人以上。

在这场大屠杀中,陆仲亨、赵庸、唐胜宗、费聚、郑遇春、黄彬、陆聚、朱亮祖等二十一个侯爵被处死。其中,陆仲亨、唐胜宗、费聚、郑遇春等人,是淮西二十四将成员。

明洪武十三年(1380)六月,朱元璋命名的《臣戒录》出版发行,其中将二百一十二名历代谋反的诸侯王、宗戚、宦官作为警钟长鸣的反面教材,警示内外臣子。

《明太祖实录》写道:"时胡惟庸谋叛事觉,上以朝廷用人,待之本厚,而久则恃恩,肆为奸宄,然人性本善,未尝不可教戒,乃命翰林儒臣纂录历代诸侯王、宗戚、宦官之属悖逆不道者,凡二百十二人,备其行事以类。书之既成,赐名曰《臣戒录》,颁布中外之臣,俾知所警。"

胡惟庸案无疑是对明朝政局的一次重大冲击,对于明朝廷和社会产生了深远的影响,这场政治地震的余波远远超出案件

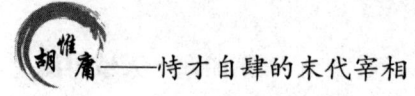
胡惟庸——恃才自肆的末代宰相

本身。

一方面，朱元璋借此机会，发动席卷全国的肃清逆党运动，对功臣特别是淮西集团进行大规模的清洗，手段之强硬，令人咋舌。它使得朱元璋的权威得到空前加强，皇帝的权威超越了任何个人，成为朝廷的绝对主宰，无人敢于挑战。这些严厉措施，有利于维护他的权力和巩固他的统治，通过处死一些与他一起打天下的股肱心腹，来防止出现更多的叛乱和不稳定。

另一方面，朱元璋的强硬凶猛手段，使做官成为高风险行业，朝廷内部人心惶惶，充满了猜忌和疑虑。大臣们每天上班之前要和家人诀别，上班时战战兢兢，唯恐自己的言行举止会招来杀身之祸。

杀死胡惟庸之后，群臣请求诛杀李善长、陆仲亨等人。最初，朱元璋没有同意这个请求。朱元璋回忆起当初起兵的时候，李善长前来军营拜谒说自己起兵则"有天有日矣"。念及他们帮助自己建功立业，朱元璋说："此皆吾初起时腹心股肱，吾不忍罪之，其勿问。"

朱元璋此时表现出对功臣的宽容和仁慈。

但是，当吉安侯陆仲亨的家奴封帖木揭发他与平凉侯费聚、延安侯唐胜宗、南雄侯赵庸等人勾结时，朱元璋转变了态度。

朱元璋下令抓捕陆仲亨，并进行审问。朱元璋说道："朕每

第四章 天威难测

怪其居贵位有忧色。"

最终，陆仲亨被杀，他的家也被籍没。

费聚，明初淮西二十四将之一，在朱元璋钦定的三十四位功臣中排名第十八。费聚的命运跌宕起伏。当封帖木站出来揭发他时，费聚被赐死，他的世袭爵位一并废除。

唐胜宗是这次大屠杀中死去的最高职务的武将，在二十八侯中排名第二，仅次于汤和。

当陆仲亨的家奴封帖木举报陆仲亨及唐胜宗、费聚、赵庸三侯与胡惟庸共谋不轨时，唐胜宗随即被捕。

明洪武二十三年（1390），唐胜宗因胡惟庸案受牵连而被杀，爵位废除。

唐胜宗除了一次擅自乘坐驿车外，没有其他过错。大概此时，朱元璋已经对蓝玉动了杀心，而唐胜宗作为蓝玉的副手，指挥了捕鱼儿海战役，因此无辜被杀。

郑遇春，濠州人，跟随朱元璋打下最初的根据地，参加平定陈友谅的战争。郑遇春骁勇善战，身先士卒，随徐达平定山东、黄河南北，随傅友德平定云南，获封荥阳侯。明洪武二十三年（1390），受胡惟庸案牵连被杀，爵位废除。

叶升是一个重要的人物，和大将蓝玉是亲家。

叶升，合肥人，曾是红巾军彭莹玉的门徒左君弼的部下。左君弼占据庐州时，叶升背弃他，投奔朱元璋。叶升参与平定陈友谅、张士诚等战斗，随汤和攻克明州（今宁波）。

明洪武四年（1371），叶升随汤和再次立下奇功。朱元璋亲自祭祀上下神祇，命中山侯汤和为征西将军、江夏侯周德兴为左副将军、德庆侯廖永忠为右副将军，与营阳侯杨璟、都督佥事叶升组成领导班子，率领水师，讨伐大夏小皇帝明升。

水军溯江而上，经过"长江第一险"瞿塘峡，进抵重庆。十几岁的明升皇帝望着驻扎在朝天门外的汤和、廖永忠水师，吓得面如土色，决定投降。

明升反绑双手，口衔玉璧，与母亲彭氏及右丞刘仁拿着降表，战战兢兢地来到军门请降。

汤和上前接受玉璧，廖永忠为这名少年解去捆绑双手的绳索，加以抚慰，又下令禁止士兵侵掠。指挥高德押送明升等人到达南京。

明升在南京受到善待，获封归义侯，但整天郁郁不乐，还口出怨言，被举报到朱元璋那里。朱元璋于是将他送往高丽居住，赐给高丽国王纱罗文绮，叮嘱他善待明升。明升在国外娶妻生子，安然生活，直到终老。

明洪武三年（1370），朱元璋论功行赏，叶升升任大都督府事。明洪武六年（1373），叶升任镇守西安的都指挥使。明洪武

第四章 天威难测

十二年（1379）五月，叶升任大都督府事。十一月，获封靖宁侯。

叶升三次平定西南番族叛乱，多次出镇边疆。镇守辽东六年，使边境无忧，蒙古人不敢来犯。他退还高丽的赠礼，多次和唐胜宗一同得到朱元璋褒奖。

明洪武二十五年（1392）八月，靖宁侯叶升被指控交通胡惟庸，被杀。

叶升功劳很大而被杀，引起了蓝玉的恐慌和不满，成为蓝玉谋反的动机之一。

赵庸，最初本是巢湖一带的水军，在大头目"李扒头"手下做事。

打了胜仗，"李扒头"想摆鸿门宴杀掉朱元璋，朱元璋却早知道了消息，找理由不去赴宴，反而设下庆功宴，邀请"李扒头"来赴宴。宴会中，朱元璋的手下灌醉"李扒头"，将他扔到江里淹死。

赵庸等人从此归顺了朱元璋。

赵庸长期在常遇春、李文忠手下作战，还跟随燕王朱棣招降了北元军队乃儿不花。

赵庸功劳之大，本应封公，因为在北元临时首都应昌（今内蒙古自治区克什克腾旗西达来诺尔湖西侧）私纳奴婢，违反规矩，不得封公，降级一等，被封为南雄侯。也因胡惟庸案受牵连而被杀。

朱元璋大封功臣时，认为有七人在天下形势未明时不观望而主动投降，因此将他们都封为侯爵，他们是韩政、曹良臣、杨璟、陆聚、梅思祖、黄彬、胡美。他们争做朱元璋的"最美打工人"，但最后大多都被杀了。

黄彬，江夏（今湖北武汉）人，原为徐寿辉、陈友谅的部下。朱元璋打到江西南昌时，黄彬投降，任职江西等处行中书省参知政事，随后参加鄱阳湖之战、进军武昌，彻底消灭故主陈友谅。后跟随常遇春、徐达作战，获封宜春侯。明洪武二十三年（1390），黄彬因胡惟庸案受牵连而被杀。

陆聚原为元朝枢密院同知。当朱元璋参加郭子兴起义军时，陆聚镇守徐州，修缮城池，所部都是淮北劲卒，因此起义军不敢攻打。听闻左丞相徐达攻克了淮安，陆聚瞬间看清了自己未来的走向，新生力量必将战胜落后势力。他主动来到徐达军营请求投降，愿意献出徐州、宿州。

朱元璋闻知大喜，本因这里是自己家乡不忍用兵，没想到得以不战而降，随即任命陆聚为江南行省参政，仍守卫徐州。

陆聚多次打败元军进攻，又打下沛县、鱼台、邳州、萧、宿迁、睢宁等县。后随徐达平定山东、汴梁，胜利后任山东行省参

第四章 天威难测

政。随徐达攻克元大都后,守卫大同、保定、真定。陆聚又奉徐达之命分兵把守天下九塞之一的井陉关,后来率军会师陕西。

明洪武三年(1370)大封功臣时,"中奉大夫、山东等处行中书省参知政事陆聚授开国辅运推诚宣力武臣、荣禄大夫、柱国,封河南侯,食禄九百石"。

明洪武二十三年(1390),陆聚因胡惟庸案受牵连而被杀。

朱亮祖,六安人,原是元朝的一员猛将,他的勇敢在战场上多次得到证明,然而,他的性格却如同他的武器一般坚硬。他多次打败朱元璋,又多次被明军俘虏,但他从不求饶,誓死不降,始终保持着一副坚定姿态。朱元璋对他的勇敢十分欣赏,委以重任。他参与攻灭陈友谅、张士诚、方国珍和明夏政权的战役,并作为明军主力平定两广,于明洪武三年(1370)被封为永嘉侯。

朱亮祖在参加平定四川的战役中,因为擅杀部下而被皇帝取消奖赏。然而,朱亮祖并没有因此改变他的行事风格。在镇守广东期间,他的恶习依然难改,不仅鞭打当地官员,还接受富商的贿赂,做了许多违法犯罪的事情。

然而,这个世界的罪恶并没有那么容易掩盖。番禺知县道同,这位刚正不阿的官员给朱元璋写了一份秘密材料,揭发了朱亮祖的罪行。

朱亮祖得知后,立即进行反击,上奏污蔑道同对他傲慢无礼。按照朱元璋的规矩，对侯爵傲慢无礼就等于自取灭亡。于是，他毫不留情地将道同判处死刑。

然而，传达批示的人前脚刚走，道同给朱元璋写的秘密材料才送到。朱元璋阅读后，立即派人去通知刀下留人，但可惜的是，使者赶到后，道同已经被处死了。

感到痛惜的朱元璋于明洪武十三年（1380）九月将朱亮祖父子召到南京，用鞭子活活打死。这是对他犯罪行为的最终惩罚。

明洪武二十三年（1390），朱亮祖被追论为胡惟庸一党，他的爵位也被废除。

胡惟庸倒台后，不仅军队系统遭到清洗，官僚系统的同党也遭到清算。

丁玉，河中（今山西永济）人，最初为"小明王"韩林儿的御史。"小明王"名义上是朱元璋的上司，然而实力弱小，张士诚派部将吕珍围攻其驻扎的安丰（今安徽寿县）时，"小明王"危在旦夕，朱元璋出手相救，将他安置于滁州，从此受朱元璋摆布。此时，丁玉便跟从了朱元璋。

丁玉自从遇到了明主，便战斗力爆表，战功扶摇直上。他参与消灭陈友谅，担任江西九江知府，镇压了彭泽山民起义。丁玉跟从傅友德进军湖南，攻克衡州，以指挥同知镇守衡州，后调丁玉守卫永州。

第四章 天威难测

明洪武元年（1368），永州卫指挥同知丁玉升为广西行省参政兼广西卫指挥使，镇守广西，成为一方大员。当中书右丞相胡惟庸特进荣禄大夫时，时任中书参政的丁玉则获得中奉大夫的头衔。

明洪武九年（1376），中书右丞丁玉随中山侯汤和、颍川侯傅友德、佥都督蓝玉，前往陕西延安防边。

中书右丞相胡惟庸升为左丞相时，中书右丞丁玉则升为右御史大夫。

第二年，丁玉率军相继镇压多处叛乱和起义，受到朱元璋夸赞。松州平叛后，朱元璋敕谕平羌将军、御史大夫丁玉进行表扬："大军入松州，克戎虏于万山之中，设官置卫，以威蛮夷，尔之功亦懋矣。"

四川眉州彭普贵起义，声势浩大，焚掠十四个州县，四川都指挥使司派兵讨伐不能敌。朱元璋遂派平羌将军、御史大夫丁玉率军镇压。丁玉尽歼其众，派人送去捷报，朱元璋敕令嘉奖丁玉。

在汪广洋中了暑毒、不能朝参的时候，御史台右御史大夫丁玉升为左御史大夫，从一品。

明洪武十二年（1379）十二月，平羌将军、御史大夫丁玉从四川胜利归来，受到文绮、帛、钞、锭的赏赐，拜大都督府左都督,正一品。几天后,朱元璋在奉天门召见左都督丁玉,对他不善于借力谋士智力的缺点进行指导:"夫为将,必先智谋,智谋必在用士,故推诚待人,则人为我用,若待之不诚,人亦孰肯尽心效用哉?"

胡惟庸一死,正一品的丁玉便没有了将兵的机会,就因为与胡惟庸有姻亲关系而受到牵连,被处死,真是好不冤枉。

朱元璋杀"胡党"冷面无情,整儿子也毫不手软。

朱元璋的第八子朱梓,七弯八绕,跟胡惟庸竟然也有关系。

朱梓的母亲为定妃达氏。达氏先前可能是朱元璋死对头陈友谅的次妃,在陈友谅的儿子陈理归降之后,朱元璋将达氏据为己有。朱元璋后来自我反省此法不当,说:"朕当未定之时,攻城略地,与群雄并驱,十有四年余,未尝妄将一妇人女子。惟亲下武昌,怒陈友谅擅以兵入境,既破武昌,故有伊妾而归。朕忽然自疑:于斯之为,色乎?豪乎?智者监之。"

朱元璋占有定妃达氏后,朱梓出生。他并没有受到歧视,于明洪武三年(1370)四月受封为潭王。

明洪武十八年(1385)五月,朱梓娶了前军都督佥事于显的女儿于氏为潭王妃。于显很早就跟从朱元璋,后来长期在沿海抗倭、出海巡捕海寇。

朱梓结婚的当年,就藩于湖南长沙府。

第四章　天威难测

然而，潭王妃的婆家给朱梓带来了麻烦。

于显的儿子于琥为宁夏指挥，明洪武二十三年（1390）坐胡惟庸党，于显、于琥父子两人被杀。

自己的老丈人和舅子死了，朱梓为此惴惴不安，每天精神高度紧张，生怕跟胡惟庸扯上什么关系。

同年，当朱元璋派来的使者来到长沙府时，朱梓的精神状况已经十分不好了。使者此次来，并没有其他的意图，就是因为朝廷杀了他的岳父和舅子，朱元璋派人来说明情况、安抚他，让他不要多想。

只是朱元璋的一个要求要了22岁的朱梓的命——要他从封地长沙来南京，父子俩见上一面。

"父亲要我去干什么？莫非怀疑我是胡党？他是要杀我和潭王妃吗？"

朱梓夫妇吓得魂不附体，越想越怕，最后不等使者离开就点燃了宫殿，自焚了事。

得知消息的朱元璋唯有一声叹息。

地方上的富民，也被朱元璋纳入胡党，没收其财产。历史学家吴晗认为，明太祖搞大屠杀，具有敛财的目的。

明初为了统一天下，连年用兵，国库空虚。明太祖及其部属大抵都出身卑贱，不满于地主巨商，因此不断用迁徙富民的政策夺其田产以补给军队，又屡兴大狱措财筹款，如郭桓事件、空印事件。胡案、蓝案的次要目的也是如此，这一串党狱把一切够得上籍没资格的人都网罗了进去，除了不顺眼的文官、桀骜的宿将外，还特别关注由大地主充当的粮长和大富豪充当的盐商，如于友、李茂实、陆和仲、苏州沈氏等案件。

比如李茂实案，发生于明洪武十八年（1385）。

李茂实，江苏镇江新港人，当年被查实为胡党。

根据《御制大诰三编》记载，大屠杀刚开始时，不知李茂实为胡党。上元县县民孙才四投奔到胡惟庸门下，说服引诱邻里乡亲，暗为义兵，帮助胡惟庸。胡惟庸伏诛之后，孙才四本人逃走避祸，直至明洪武十九年（1386）于沙县客店内被捕后事发。

孙才四被捕后，移送到南京，询问其本人，孙才四供称，他与镇江的李小官畏惧胡党之事泄露，假扮商人在外经商，不敢回到家乡落脚。

法司遂到镇江督令搜索李小官的家属，数次一无所获，没有抓到这些人。

忽然，有一个名叫严阿周的人，赴法司提起诉讼，揭发李茂实其实就是李小官的父亲。这样就牵出了李茂实。官府提审李茂实。李茂实招供称，明洪武九年（1376），他见到胡惟庸，在胡家饮酒，饮酒后当晚在西厅宿歇。第二天，胡惟庸令李茂实领走

第四章 天威难测

"大银一百三十个"作为经商的本钱。李茂实用车推着大银,赶赴船所,用木船装运至本人家里,遂成为一名大商,支取食盐二十万引,投放市场销售。

从这段招供来看,是胡惟庸提供资金,让李茂实经营食盐,为他谋利。李茂实做红顶商人,胡惟庸做幕后老板。

朱元璋说道:"李茂实无知,不守己分,乐天之乐。朕,君也。茂实,富民也。家本不缺用,富且有余,不能报天地阴骘之恩,犹敢舍朕生杀予夺之主而投门下,把持官府,欺压良善,恶贯神人,所以出幼者皆诛之,是怒及神人也。"(《御制大诰三编》)根据朱元璋的指令,富民李茂实替胡惟庸经营食盐生意,和官府勾结,欺压良善百姓,属于恶人,一家除了幼小的孩子外,其余人全被处死。

在追查李茂实的财产时,旗军到江浦县找到李茂实,要追征食盐,又出了问题。

既然是胡惟庸的同党,谁都会落井下石,唯恐避之不及。而江浦县知县杨立头脑一时糊涂,阻止旗军将李茂实的食盐拉走。杨立曾与给事中句端商量过此事,句端口头同意将食盐留在当地,却没有签字。

杨立就对旗军说:"我从给事中那里得到指示,现在不要追征食盐了,折合成不多的钞票就行。"其实,他和句端对真正的政策并不清楚。官员并不吃这套，遂把阻挠办案的杨立和句端抓捕。知县杨立因为结交皇帝近侍，欺骗朝廷，被凌迟处死；句端身为朝廷官员，和地方官勾结，按法律杀头。

受胡惟庸案牵连的江苏吴县粮长于友被判处死刑，相当于现在的死缓。他的脸上刺着"隐送同罪"四个字，发往安徽凤阳种田。粮长和富户一样，都属于地方豪强势力。朱元璋借助胡惟庸案，对他们进行打击，搜刮财产。

于友无脸见人，就找人把脸上的刺字弄掉，偷跑回家乡吴县，居然又混上粮长。当地里长盛宗熟悉内情，要到南京告发他。于友恼羞成怒，竟然将盛里长绑起来，诬蔑他残害人民，到南京向皇帝邀功请赏。

朱元璋从盛宗嘴里得知实情，一听于友是胡惟庸一党，毫不留情地将于友枭首示众、抄没家产。

此时已经是明洪武十九年（1386），离胡惟庸被杀已过去六年，朱元璋的清算仍未停止。

六、城门失火，殃及池鱼

胡惟庸案余波前后延续达十四年，株连杀戮三万余人，朱元璋编成《昭示奸党录》布告天下。

由于连坐制度，罪犯家族里的亲朋、交往的好友、一起工作

第四章　天威难测

的上司和下属都受到牵连。许多无辜的人因为胡惟庸案而被处死。

朱元璋不仅借胡惟庸案清洗军事、政治领域，文化、社会领域的名流也难逃屠杀，其中包括一些浙东名士。宋代不杀知识分子，而明代则毫无顾忌地杀文化人，因此后人大多贬低明代。

明初最有名的文化顶流便是宋濂。明洪武十四年（1381），胡惟庸被杀后第二年，大学者宋濂受到胡惟庸案牵连，被流放四川。

宋濂是金华浦江人，学问超群。谋士陶安曾称："臣谋略不如刘基，学问不及宋濂，治民之才不及章溢、叶琛。"宋濂、刘基、章溢和叶琛，并称"浙东四先生"，他们才学过人，都是好友，同一批被朱元璋征召为官。

宋濂进宫后，成为皇太子朱标的老师，十几年如一日地教授他学习经书。除了教皇太子，宋濂还教编修，培养文化人才。

明洪武六年（1373）春正月，朱元璋选拔了一批年少俊异的举人，如张唯、王辉、李端、张翀等人，授予翰林编修，来到南京，赐予冠带衣服，令他们进入禁中，在文华堂学习，由太子赞善大夫宋濂等人为老师。朱元璋听政之暇，时常来到这里，亲自取来编修们的文章，品评优劣，还命光禄寺每天为他们准备酒馔，每次大餐由皇太子朱标、亲王们做东，轮流请客。朱元璋给他们赏赐冬夏衣服、白银、弓矢、鞍马，宠遇甚厚。

宋濂在南京，与朱元璋的关系非常不错。

朱元璋在朝廷上表扬宋濂是君子、贤人："朕闻太上为圣，其次为贤，其次为君子。宋景濂事朕十九年，未尝有一言之伪，诮一人之短，始终无二，非止君子，抑可谓贤矣。"

朱元璋每日早膳，必令宋濂侍膳；每次退朝闲居时召见宋濂，必设座位、命上好茶；经常反复和宋濂讨论、咨询国事，到夜晚才作罢。

侍膳时，免不了觥筹交错。宋濂酒量很差，一喝就醉。一日，他和朱元璋吃饭喝得大醉，歪歪倒倒走不了路。朱元璋看了大笑，亲自御制《楚辞》一章，命词臣赋了一首《醉学士诗》，欢喜地说道："使后世知吾君臣同乐如此也。"又亲手调甘露于汤中，劝宋濂喝下醒酒："此能愈疾延年，愿与卿共之。"

宋濂年老后走路不稳，朱元璋让太子赐宋濂良马，并作《白马歌》一章，命侍臣赋歌，以示优宠。

明洪武十年（1377），宋濂要告老还乡了，朱元璋和皇太子朱标双双赠送金帛等厚礼。宋濂上表表示感谢，朱元璋回信嘉劳："先生之师吾子，训饬甚严，是不佞也；以时言讲，解释圣贤之意，是不固也；以忠贞立心、以节俭制行，是得儒者之道也。"朱元璋亲自饯行，举杯感谢宋濂的教子之恩，并命孙子宋慎送其安全回家。

临行前，双方约定，宋濂每年来宫内觐见皇帝一次。此后，

第四章 天威难测

宋濂每年趁着帝庆节的机会,如约到南京觐见朱元璋,为他祝寿。

然而,这样温馨的情景并没有持续多久。宋慎出事了。

宋慎原为宫廷里的仪礼序班成员,与爷爷宋濂、叔叔宋璲共同在内廷做官,众人以为这是宋家极大的荣耀。

宋璲是宋濂的次子,明代著名书法家。《名山藏》称宋璲精于篆书、隶书、楷书、草书,其中小篆之工,为国朝第一。

明洪武十三(1380)年,宋慎因胡惟庸案受到牵连并被诛杀。宋璲也因为宋慎与胡惟庸有牵连而获罪,被处死。家族都被贬至茂州(今四川茂县)居住。

宋濂与胡惟庸关系疏远,仍然因为孙子的事情而连坐。宋濂自身无罪,只不过因为是宋慎的爷爷,朱元璋却不顾几十年的旧情,想处死宋濂。

皇太子的老师先前被朱元璋捧为君子、贤人,现在居然要扣上罪名将他处死,遭到了皇太子、马皇后的坚决反对。

皇太子朱标对自己的老师感情深厚,听说朱元璋要杀宋濂,苦劝父皇留他一命。太子哭泣进谏:"儿臣愚笨戆直,无其他老师。希望陛下怜悯儿臣,宽恕他的死罪。"

朱元璋向来说一不二,听到太子求情,大怒道:"等你为天子后,再赦宥他!"朱元璋一定要严办宋濂,坚决不听太子的。至于太子何时登基,一直遥遥无期。

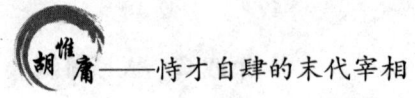

太子退出大殿后惶惶然，六神无主，又气又急。

已是接班人的太子见宫里有水池，气得跳水自尽。

人们吓得魂飞魄散，纷纷跳下水救人，有些人连衣服和鞋子都来不及脱。

朱元璋闻讯赶来，骂道："痴儿子，我杀人与你何干？"

等大家把太子救起来，朱元璋又对这些见义勇为者下了一道奇怪的命令：脱衣服的站一边，没脱衣服的站在另一边。

朱元璋于是下令："没脱衣服的，每人官职连升三级。"然后对赤裸着身体、光着脚的救人者恶狠狠地说："你们到底是救人还是害人？脱衣服去救太子，只怕太子早就淹死了！把脱衣服、鞋子的都杀了。"

脱衣服去救太子，同样是见义勇为，而在他眼里，这些人没有奋不顾身，救人也属于不忠不义。

皇太子为宋濂求情的话他不听，只有看马皇后的本事了。

马皇后劝朱元璋说："百姓家为子弟请老师，尚且尊师之礼始终完备，何况天子呢？而且宋濂家居，对孙子的事必不知情。"

但朱元璋还是一根筋，不听。

马皇后在宋濂一事上不肯放弃。她侍候皇帝吃饭时，既不喝酒，也不吃肉。看皇后吃得这么清淡，朱元璋问是什么原因。

马皇后回答说："妾为宋先生作福事也。"

第四章　天威难测

听到马皇后为宋濂斋戒求福，朱元璋感到恻然，投箸而起，干脆不吃，直接回去了。看来，皇太子、皇后都阻止他杀宋濂，朱元璋心里气不过。

宋濂是帝王之师、大文豪，他本人未尝对不起朱家，对孙子的事情又不知情，皇太子、马皇后接连求情，朱元璋想了一夜，终于想通了：不能把这个事情做得太绝。

第二天，朱元璋赦免了宋濂的死罪，但仍把他全家流放到茂州。

明洪武十四年（1381），72岁的宋濂从浙江浦江启程，向四川出发，一路蹒跚西行，接连的打击和艰辛的旅途让他衰老的身体疲惫不堪。走到夔州（今重庆奉节）时，宋濂得了一场大病，一病不起。

临终时，宋濂保留了士大夫的尊严，正襟端坐，无嗔无怨，拱手而逝。

世上少了一代宗师，莲花山下，多了一座孤独的坟冢。后来蜀献王朱椿得知此事，将其转葬于华阳城东。

方孝孺为文祭之曰："公之量可以包天下，而天下不能容公之一身。公之识可以鉴一世，而举世不能知公之为人。"

一代文豪，流窜蜀道而死，让朱标伤心欲绝。

朱标后来染病去世，可能跟这次跳湖有关系，因为受寒而落

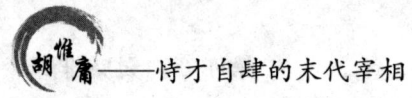

下病根。

直到明弘治九年（1496），明孝宗下诏为宋濂平反，恢复他的官职。

同样受到胡惟庸影响的还有诗僧释来复。

杭州灵隐寺为江南名寺，住持释来复是明初著名诗僧和书僧，书法神似赵孟頫。

明洪武三年（1370），朱元璋将时任灵隐寺住持的来复召到南京说法，听者众多，轰动朝野。朱元璋亲封他为"十大高僧"之一，赐其珍贵的金襕袈裟，还封其为僧录寺左觉义（从八品）。释来复名声大震，荣宠一时。

然而，朱元璋出身社会底层，读书不多，性格多疑，总觉得别人拿文字讽刺他，因此他喜欢搞文字狱。内心越自卑，手段就要表现得越凶猛。因为姓朱，老百姓不能称呼猪为猪，只能叫豚。他对自己当叫花子、做和尚、参加农民起义军的经历感到羞耻，因此一些字眼成为禁区，人们提到僧、秃、光（和尚）、生（僧）、则（贼）、道（盗）、殊（由歹朱两个字组成）等字，朱元璋总能发挥无限的联想，牵扯上自己那段"草根"奋斗史，然后挥刀杀人。

杭州一个教授的贺表中有"光天之下，天生圣人，为世作则"的歌功颂德之话语，但其中三个字"光""生""则"全是朱元璋忌讳的，自然难逃一死。

第四章　天威难测

苏州知府魏观新造政府大楼,上大梁之际,请与宋濂齐名的文豪高启写《上梁文》。高启文章里写了一个词——"龙蟠虎踞",而这个新政府大楼的位置,偏偏就是原来张士诚建宫殿的旧址。朱元璋说:"你高启夸张士诚是龙,把我真龙天子置于何地?"遂将高启腰斩,又杀了魏观。

来复也跌进了文字狱的大坑。

传说来复的诗中有"金盘苏合来殊域,玉碗醍醐出上方"的诗句,本义是向朱元璋表示谢恩,朱元璋看到里面有个"殊"字,拆开来就是"歹""朱",心里十分不爽,为他所忌讳。

来复与胡惟庸、宋濂等人交谊深厚,后来牵涉胡惟庸案,被朱元璋下旨凌迟处死。

胡惟庸案中,元末明初著名山水画家王蒙也未能逃过一劫。

王蒙,字叔明,湖州人,出生于绘画世家,为赵孟𫖯的外孙。他擅长山水画,与黄公望、倪瓒等名家是好友,还曾与黄公望切磋画艺。他与黄公望、吴镇、倪瓒并称"元四家"。

王蒙醉心于画画,对政治兴趣不大,元末弃官归隐于黄鹤山,自号黄鹤山樵。明洪武初担任过山东泰安州知事。直到明洪武十八年(1385)被抓,他才想起来自己很早的时候在胡惟庸家里看过画。

看过画也算"胡党",免不了一番拷打,后来这位著名画家

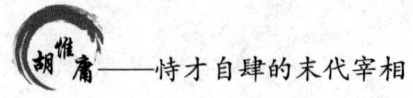

在监狱中死去。

明代谋士方孝孺对他的境遇深表同情,写诗云:

吴下王蒙艺且文,吴兴文敏之外孙。
黄尘飘荡今白发,典刑远矣风流存。
华亭米芾称善画,每观蒙画必叹诧。
谓言妙处逼古人,世俗相看倍增价。

(《题叔明墨竹》)

胡惟庸案也波及了"江南第一家"——郑氏家族。有好事者声称郑氏家族中有人交通胡惟庸。"江南第一家"该如何度过这场危机?

郑宅镇位于浙江浦江县东部,距县城二十多里。浦江郑氏义门,聚族而居,历经宋、元、明三代,曾合族同居十三代,以孝义治家,名冠天下。到了明朝,郑家已发展到几百口人。

其家族治家之法是《郑氏规范》,被誉为中国传统家规家训的典范。《郑氏规范》的出炉,要归功于明初大儒、文学家宋濂的整理。他曾在此长期教学,把郑氏一百六十八条家规整理成《郑氏规范》,将儒家的孝义理念转换成操作性强的家族行为规范,成为明代典章制诰的蓝本。

第四章　天威难测

朱元璋看重郑氏家族孝义治家、耕读为本的家规家法，在南京召见了担任粮长的郑濂，听取郑氏家族治家方法的汇报，并赐予郑氏家族"江南第一家"的美称。在明代的法律中，也引入不少《郑氏规范》的内容。

《郑氏规范》内容涵盖治家、教子、修身、处世、从政的家规族训，许多内容具有积极的意义。比如提倡为官清廉。其中规定，"子孙出仕，有以赃墨闻者，生者则于《谱图》上削去其名，死则不许入祠堂"。其中讲道："子孙倘有出仕者，当早夜切切，以报国为务，抚恤下民，实如慈母之保赤子。有申理者，哀矜恳恻，务得其情，毋行苛虐，有不可一毫妄取于民。"

清廉的家风浸润了郑氏家族的每一个人，历代出去做官的人竟然没有出过一名贪官。有了孝义的金名片，朱元璋也对他们高看一眼，每每加以褒扬，遇到郑氏家族中的人被人污蔑，动辄赦免不问，不予追究。

胡惟庸倒台后，民间邀功请赏的人多了。当时有人诬告郑氏家族中有人勾结胡惟庸，要逮捕郑濂的弟弟郑湜等人治罪。

官吏追捕很急，各个兄弟争着去顶罪。郑湜自告奋勇地说："弟在，其忍使诸兄罹刑辟乎？"于是他自己来到官吏办公的地点，请求官吏押他上路。他的二哥郑濂先前有事留在南京，等他弟弟到了南京，郑濂迎上前去，说道："吾家长，当任其罪，弟

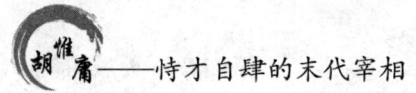

无与焉。"

郑湜坚决推辞,坚持自己顶罪求死,说道:"兄年老,吾自往辩之。万一不直,弟当服辜。"

两人争着入狱,惊动了朱元璋。朱元璋将他俩召到朝廷,亲自接见,询问实情之后,加以安慰勉励。

他们并没有勾结胡惟庸。《郑氏规范》此时也成了他们的护身符:"子孙不得从事交结,以保助闾里为名而恣行己意,遂致轻冒刑宪,堕圮家业。"

朱元璋对近臣说:"有人如此,而肯从人为非者耶?"他不相信郑湜兄弟如此舍生忘死、讲究义气之人,会与胡惟庸一起为非作歹。因此立即宽宥了郑家,下诏赐予两人酒食。

朱元璋这样做,维护了自己树立的"江南第一家"的招牌,以优良家风带动政风、社会风气,让天下人争做君子。

由于郑氏家族道德品质过硬,一些人得到朝廷任用。明洪武十四年(1381)二月,朱元璋提拔郑湜为福建布政使司左参议,赐冠带袭衣。郑湜因祸得福,在福建左参议的位置上颇有政声。政府在南方平定民乱,数百家百姓为此蒙冤,郑湜向诸将讲明道理,这些人均获得释放。一年以后,郑湜入南京朝见朱元璋。

当时东宫缺官,朝廷任命郑济为春坊左庶子。郑沂于明洪武三十年(1397)任礼部尚书,次年八月罢免,又于永乐年间重新

第四章 天威难测

担任礼部尚书。

应说明的是,朱元璋展开的第一次大清洗并非完全没有限度,与丞相胡惟庸关系较好的人不一定全被抓来杀掉,比如开济。

开济是胡惟庸的好友,在大清洗中安然无恙,后来还当了刑部尚书。

开济,河南洛阳人。元末为察罕帖木儿掌书记。洪武初年,以明经举,授予河南府训导,后来担任国子助教。

开济与丞相胡惟庸关系较好,后来,不知是因受胡惟庸牵连还是真的身体有病,开济称病,罢职归乡,离开国子监,回到家乡洛阳举办培训班。胡惟庸被杀后,开济没有受到波及。

明洪武十五年(1382)七月,御史大夫安然向朱元璋推荐说开济有吏治之才,召来试当刑部尚书,第二年正式任命为刑部尚书。

开济刚当刑部尚书,勤敏有为,每天对官员们的业绩进行严格考核。对犯有轻罪的人加快审理,防止长期拘禁,数月之间,狱无淹滞,很受朱元璋信任。

但是开济生性残酷,喜欢以法律中伤他人。凡是他不喜欢的人,动辄深文周纳,把人关进监狱。他与乡亲有旧仇,就用诬告陷害的手段,将其下狱。狱囚有监禁而死的,他也不闻不问。当一名囚犯向开济行贿的时候,他又欣然接受,以狱中死囚代替这名囚犯脱罪,为狱官举报揭发。

朱元璋召来开济进行批评。开济大为恼火,一回到刑部,便找来侍郎王希哲和主事王叔徵将这名举报的狱官关进监狱,扼住他的喉咙,将他活活掐死。又有人举报开济有盗窃罪。

他在洛阳时,偷盗商人的驴子,得到重赏才还回驴子,又有霸占亲妹妹的家产、殴打妹妹的暴力行为。

监察御史陶垕仲等人弹劾开济渎乱人伦,有伤风教,不可担任国家大臣。

朱元璋大怒,经过廷臣审理后,杀了开济、侍郎王希哲等人。

开济之死,纯属罪有应得,并非出于政治因素。

老百姓积极举报"胡党",到了明洪武十五年(1382),朱元璋看小鱼小虾都抓完了,对追究"胡党"暂时失去了兴趣。

秋七月,某州的儒学学正孙询上奏税使曾必贵,旧名曾必熹,与已经死去的丞相胡惟庸关系友善,所以改成现在这个名字。他一定是胡惟庸的党属。孙询又举报以前的元参政黎铭逃到王官谷当道士,后来又还俗,成了闻喜县社学的教师,现在竟然成了儒学训导,他经常自称"老豪杰",讪谤朝廷。

朱元璋看到举报,不想继续追究了,说道:"询不思以圣贤之道教人,而为告讦之事,岂儒者所为?"

对此置之不问,曾必贵和黎铭才逃过一劫。

第五章

大权在握

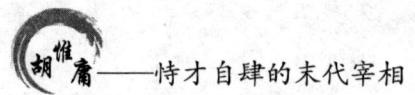
胡惟庸——恃才自肆的末代宰相

胡惟庸的死，不仅是他个人的悲剧，也反映了中国古代政治的残酷性。这种残酷性并非仅限于胡惟庸一人，历史上还有许多类似的故事，警示着后人在权力、法律与道德的边界上保持警觉。

然而，胡惟庸的故事并未随着他的死亡而结束。他的死亡标志着明朝的一个重要转折点。他的死让朱元璋开始大力整顿朝政，废除中书省以及丞相制度，提高六部职权，使皇帝直接掌控各部大权。这一政治改革在明清历史上具有深远的影响。

一、"敢议立丞相者，杀"

朱元璋于明洪武九年（1376）完成了地方政治体制改革，废除行省制，设立承宣布政使司、都指挥使司和提刑按察使司，将原来行中书省的职责一分为三，三者分立、互相牵制，防止地方官权力过大。四年后，以胡惟庸案为突破口，着手进行中央层面的政治体制改革，加强中央集权，防止皇权旁落。

胡惟庸等人伏诛后，朱元璋就废除中书省一事问计于文武百官，他说自己登基执政以来已经十三年了，设立中书省来总管天

第五章 大权在握

下的文治、设立都督府来统领天下的兵政、设立御史台来整肃朝廷的纲纪，没想到奸臣贪赃枉法，诬陷贤良，肆意施展奸诈欺瞒的手段，结党营私，败坏朝政，图谋危害国家。"朕欲革去中书省，升六部，仿古六卿之制，俾之各司所事，更置五军都督府以分领军卫，如此，则权不专于一司，事不留于壅蔽，卿等以为何如？"（《明太祖实录》）

从这段话可以看出，原来的中书省总领天下文治、都督府统领天下兵政、御史台负责朝廷纪律，但是，其弊病则是权力集中到一个部门，会发生权力过大、危及皇权等问题，再加上胡惟庸这样的奸臣窃持国柄，使朱元璋有了很深的危机感。因此要模仿古代六卿制，强干（皇权）弱枝（各部），削弱他们的权力。具体方法是取消中书省，皇帝直接管六部，将兵政由原来一个大部门分化成五个小部门。

监察御史许士廉等人担心皇帝每天要处理繁多的政务，过度耗费精神，遂回答道："臣愚以为，宜设三公府，以勋旧大臣为太师、太傅、太保，总率百僚庶务，其大政如封建、发兵、铨选、制礼、作乐之类，则奏请裁决，其余常事，循制奉行，庶几臣下绝奸权之患、主上无烦剧之劳。"（《明太祖实录》）

许士廉指出了改革的弊端——皇帝太累了，作为补救措施，提出设立三公府。

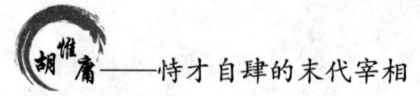

朱元璋对他的建议表示赞同。

明洪武十三年（1380）春正月，朱元璋罢中书省，升六部，改大都督府为五军都督府，布告天下。

朱元璋废除丞相和中书省后，特意在《祖训》中明文规定不许变乱旧章，以后子孙做皇帝，不许设立丞相，立下臣子"敢议立丞相者，杀"的铁律。如果谁奏请设立丞相，群臣就当场弹劾他，将他凌迟处死、全家杀掉。

改革之后，丞相的手头工作大部分由皇帝承揽，中央六部吏部（管理人事）、户部（管理财税）、兵部（管部分军权）、礼部（管外交和教育）、刑部（管司法和监狱）、工部（管工程、水利交通）由皇帝直接掌控。皇帝和六部大臣之间没有了中间环节，他的权力比古代任何一个君主都大，真是到了大帝"无极"的地步。

朱元璋为什么废除丞相制度？

首先，朱元璋不喜欢丞相。在平定天下时，"设中书省，置左右丞相，管领枢要，率以勋臣领其事"。封徐达、李善长等人为丞相，是出于统一的需要，需要他们卖力。此时，君臣同心，大业可成。

明洪武十七年（1384）三月甲辰，朱元璋对侍臣说："天下无难治，惟君臣同心一德，则庶事理而兆民安矣。唐虞三代之

第五章 大权在握

时,君臣同德,故能致雍熙太和之盛。后世治不如古,君臣之间两相猜忌、上下乖隔、情意不孚,君言善而臣违之,臣论是而君咈之,如此欲臻至治,何可得也?朕今简用贤能,以任天下之政,思与卿等求古之君臣同心一德,协于政治,以康济斯民。卿等勉之。"群臣皆顿首而谢。(《明太祖实录》)

此时,君权和相权并无矛盾。《明史》说:"然徐达、李文忠等数受命征讨,未尝专理省事。其从容丞弼之任者,李善长、汪广洋、胡惟庸三人而已。"

但是,天下都姓朱后,外部的压力减轻,这种依存关系就减弱了,不需要丞相发挥以往的作用了,内部的压力——君权和相权之间存在的矛盾就会上升。

此时,君臣之间两相猜忌、上下乖隔,于是朱元璋的疑心病越来越重,开始大开杀戒,处死或者逼死杨宪、汪广洋、胡惟庸、李善长等人。"独惜善长以布衣徒步,能择主于草昧之初,委身戮力,赞成鸿业,遂得剖符开国,列爵上公,乃至富极贵溢,于衰暮之年自取覆灭。广洋谨厚自守,亦不能发奸远祸。俱致重谴,不亦大负爱立之初心,而有愧置诸左右之职业也夫?"(《明史》)

其次,杜绝出现权臣形象。

历史上,对皇帝形成威胁的是女宠惑君、宦官专政、外戚专权、权臣欺君、藩镇割据、四裔（指四方边远之地容易诞生新生力量）之祸。

鉴于这些历史教训，朱元璋认为杜绝权臣之患的方法，在于权力分立、互相制衡，"上下相维，大小相制"，既防止出现上下壅蔽的现象，又防止大臣权力过大、专恣威福。

明洪武九年（1376）冬十月，朱元璋与侍臣谈论女宠、宦官、外戚、权臣、藩镇、四裔之祸，提出了一系列解决办法。他说："木必蠹而后风入之，体必虚而后病乘之。国家之事，亦由是矣。汉亡于外戚、阉寺，唐亡于藩镇、戎狄。然制之有道，贵贱有体，恩不掩义，女宠之祸何自而生？不牵私爱，苟犯政典，裁以至公，外戚之祸何由而作？阉寺职在使令，不假兵柄，则无寺人之祸。上下相维，大小相制，防壅蔽，谨威福，则无权臣之患。藩镇之设，本以卫民。财归有司，兵待符调，岂有跋扈之忧？至于御四裔，则修武备，谨边防，来则御之，去不穷追，岂有侵暴之虞？凡此数事，常欲著书，使后世子孙以时观省，亦社稷无穷之利也。"（《明史纪事本末》）

朱元璋提出，对待女宠要贵贱有体，对待外戚要不徇私情、照章办事，宦官不可掌握军权，藩镇的财政必须归政府、兵符调兵归于皇帝，对待边远之地的造反力量要靠强大的武力加以防备。这些都是非常具有远见的做法。

第五章　大权在握

历史学家孟森也指出："太祖以置相为秦以来事，古三公论道不任职，六官任职而无总揽之柄，政事由君上亲裁，此法自亦不谬。以帝非怠政之君，而中书省为万几之所集，作奸者有专擅而无分掣，遂成惟庸之祸，故因噎废食如此。盖帝好便给任事之才，不欲用以道自重之士，若刘基即终不能深倚，其故可知。至小人积恶之久，非谋逆无掩盖之法，天下初定，戎马之士，反测易生。废相以后，嗣君能稍勤政，必无奸雄专弄之权。此太祖之特识也。然勤政正未易言，太阿倒持，终不可免，权相之外，又有权阉，事固有出于所防之外者矣。"

废相以后，的确杜绝了奸雄专权的现象，但是避免不了权阉专政。正如监察御史许士廉等人所说，什么事情都要出自圣裁，陛下只能日理万机，劳神太过，主上烦剧。废除丞相的后遗症，在朱元璋死后开始产生效力。

中国地方太大、人口太多，什么大事都要集中到朝廷，皇帝要干的事情就太多了。没有好身体加好头脑，谁也干不了皇帝这个活。举个例子，明洪武十七年（1384）九月十四日至二十一日，八天内，送到皇宫里的奏章共有一千多件，共有三千多件事需要朱元璋批示，平均每天要裁决四百多件事情。

勤政的皇帝黎明时分就要起床参加早朝，此外午朝、晚朝，一天三次和群臣商量处理国家大事，到了夜深才能休息。

朱元璋和朱棣都是打仗出身的，身体、智力素质较好，可以亲自处理国家大事。但朱元璋晚年像换了一个人，性情大变，暴躁嗜血，朱棣则病死于行军途中。

而后来的皇帝们，生长于深宫之中，抚养于妇人之手，跟外界、地方接触少，事情该怎么处理，只好想当然了。文化低的、喜欢贪玩的、沉溺自己爱好的，只好怠政荒政，有的干脆就不上朝，不和大臣见面了。自宪宗到熹宗前后一百六十多年，皇帝很少召见大臣。最懒惰的皇帝几十年不处理政事，大臣的上奏看也不看，政府里官职空缺了，也不管不问。

负责点的皇帝，还把权力交给内阁首辅或者司礼监太监处理。而内阁大学士只是个五品官，地位不高。

皇帝和内阁日常不见面，就重用亲信太监。皇帝有事交给太监办，再由太监交给内阁条旨、票拟。内阁有事，还是要太监做中介，送给太监后，再由太监上呈皇帝。如果皇帝不干活，就叫太监批红写处理意见，太监就大权在握，变成了真皇帝、立皇帝。这样就导致皇权旁落、宦官乱国，太监乱来一气，直到把明朝拖进死胡同。王振、魏忠贤这样的人物能走上历史舞台，就是废除丞相导致的后遗症。

朱元璋大屠杀过后，很多官位空了出来。可是，科举选材制度已经废弃多年，朱元璋下令各地推荐天下贤才，来填补这些空

第五章　大权在握

缺。

朱元璋又模仿古代三公四辅来帮助自己。

明洪武十三年（1380）冬十月，朱元璋敕四辅官王本等人，说道："自胡惟庸不法之后，特召天下贤材，而有司又多泛举，尚书范敏独能荐卿等以辅朕。朕视卿等皆年高笃厚，故九月告于太庙，议立四辅，以王本、杜佑、龚敩为春官，杜敩、赵民望、吴源为夏官，惟秋、冬官缺，以本等摄之……卿等尚当竭忠诚以勤厥职，庶几感格天心。"（《明太祖实录》）

朱元璋还加强暴力机构。

在明代，刑部、都察院、大理寺合称三法司，是中央一级的司法系统。刑部管理全国的司法和监狱，直接对皇帝负责。刑部狱、都察院狱组成法司狱，是中央司法系统的合法监狱。三法司的一把手（相当于正部级）分别是刑部尚书、都察院左都御史、大理寺卿。

遇有重大案件，由皇帝下诏命令三个部门一起进行会审。三堂会审时，在刑部大堂设三张案桌，刑部堂官尚书为主审官，坐在面南的桌案后，而大理寺、都察院的长官则分坐在东西相对的两张桌案后，审案过程中均有发言权，最后作出统一的审判结果。

刑部管理全国的司法和监狱，直接对皇帝负责，刑部尚书就是司法部长和总监狱长。监狱的领导机构叫司狱司，领导狱吏，管理犯人。司狱有六人，从九品，是很小的官。作为最重要的国家监狱，刑部监狱的规模很大，刑具数量也最多。

都察院监狱也称为"台狱"，只负责惩治官员犯罪。都察院监狱也设有司狱司，初设六人，后革为五人，领导狱吏，管理囚徒，也为从九品。还设有理刑进士、理刑知县，但到明武宗的时候这两个职位被废除。由于都察院只负责惩治官员犯罪，所以刑具比刑部少了很多。

刑部狱、都察院狱可以审问囚人，审问过程中可以对犯人动刑。审问完毕后，按照法律给犯人定罪，其中重刑犯须向皇帝请示是否将其移送诏狱处理。诏狱则是皇帝亲军锦衣卫掌管的监狱，手段比其他监狱更为残暴。

二、无言的结局

李善长作为国家和军队的卓越领导人、文臣之首、一等功臣，死于莫须有的谋反罪，令人心寒，也令人唏嘘不已。

李善长的倒台，其中一个不可忽视的因素是其家奴的举报。

明洪武二十三年（1390）五月，李善长的家奴卢仲谦等人告发李善长和胡惟庸勾结，接受胡惟庸的贿赂。朱元璋杀李善长，肃清逆党。整个大案被杀人数达三万，朱元璋给了胡、李差不多

第五章 大权在握

的"待遇",两案死亡人数难分伯仲。

李善长从左丞相的位置病退后,胡惟庸逐渐上位。胡惟庸倒台后,李善长的问题并没有马上显露出来。直到一名南京市民受到胡惟庸案牵连,牵出了隐藏很深的李善长。

这名南京市民,名叫丁斌,是李善长的私亲,曾经在胡惟庸家里工作过。丁斌有罪,按法律应当徙边,他通过向李善长行贿,企图逃脱惩罚。李善长拿到赃款,数次上奏,在皇帝面前为他说情。朱元璋大怒,不理会李善长的请求,亲自审问丁斌。丁斌为戴罪立功,就招供以前在胡惟庸家打工时李存义等人和胡惟庸勾结的情况,告发李存义是"胡党"。太仆寺丞李存义,正是李善长的弟弟。

此事发生在明洪武十八年(1385)。

胡李两家关系密切。李存义的儿子李佑娶了胡惟庸哥哥的女儿。胡李有了亲戚关系,胡惟庸贪贿弄权变得越发没有顾忌。

李善长的弟弟既然是"胡党",那么李善长本人是否也是"胡党"呢?朱元璋命令逮捕李存义父子进行审问。

李存义父子的供词,果然牵出了大老虎。

他们称,"惟庸有反谋,使存义阴说善长,善长惊叱曰:'尔言何为者?审尔,九族皆灭!'已,又使善长故人杨文裕说之云:'事成,当以淮西地封为王。'善长惊不许,然颇心动。惟庸

乃自往说善长，犹不许。居久之，惟庸复遗存义进说，善长叹曰：'吾老矣，吾死，汝等自为之。'"（《明史》）

其他记载大同小异。大致是说，胡惟庸派李存义、杨文裕游说李善长造反。但是李善长年事已高，怕被诛九族，因此很不乐意参与，但是又没有严词拒绝。

胡惟庸知道李善长素来贪婪，可以利动。于是李存义等人以扶持李善长在淮西之地封公为王为诱饵，多次劝说他谋反。

李善长虽有才能，但是长期作为文臣，心如深渊，计谋深巧，此时佯装惊讶，不许他们谋反，但是心里颇以为然，又见他们以淮西之地让自己称王，终不失富贵，为子孙后代考虑，欲居中观望，因此叹气说："我死以后，你们好自为之。"

如此看来，李善长没有谋反的主观动机，没有支持胡惟庸发动叛乱的想法，更没有任何实质行动，只是首鼠两端，默许胡惟庸和弟弟谋反，并对朱元璋隐匿不报。

李存义回去告诉胡惟庸，胡惟庸大喜，亲自前往拜访李善长。李善长请他进入李府商议。

胡惟庸西面坐，李善长东面坐，屏退左右，低语良久。两人商议的声音太小，外人根本听不清楚两人说了什么，只是远远看见他们频频颔首。两人商量一番之后，胡惟庸欣然告辞，随后便有了指使指挥林贤下海招倭、派元故臣封绩称臣于元嗣君的事情。

第五章　大权在握

在朱元璋看来，李善长知道胡惟庸谋反，就应该大义灭亲，进行举报。作为元勋国戚"知逆谋不发举，狐疑观望，怀两端，大逆不道"。审理之后，李存义父子作为胡惟庸一党，理应处死。但朱元璋顾及李善长的功劳，网开一面，下诏免死，仅仅把他们流放到上海崇明岛居住。

这次，对李善长本人也没有追究。

这么浩大的皇恩，李善长竟然没去谢恩，让朱元璋十分生气，怀恨在心。

明洪武十九年（1386）十月，审理林贤案，胡惟庸通倭的事情暴露出来了。

胡惟庸以为谋反之事，借助日本之力可以成功，于是和明州卫指挥林贤勾结。

当时，张士诚的残兵败将、日本倭寇经常在沿海一带活动，伺机抢劫。胡惟庸给林贤的任务是，在宁波联络，下海招收日本倭寇，约定日期碰头。

刚开始，胡惟庸假装上奏林贤有罪，让其谪居日本，交通日本君臣。待林贤和日本上下熟悉后，胡惟庸上奏，恢复林贤的职务，派遣使者到达日本，召他回国。趁此时机，日本僧人如瑶率四百余名士兵以进贡的名义来到南京，将火药、刀剑藏在巨大的蜡烛之中。到了动手的日子，他们就和胡惟庸府中的力士一起绑架、劫持朱元璋。如果能帮助胡惟庸取得皇位，则大功告成；如果夺位失败，这些叛乱者则掠夺国库中的金银宝物，从海路逃往日本。

《明史》记述了胡惟庸通倭的细节："（胡惟庸）密致书其王，借兵助己。贤还，其王遣僧如瑶率兵卒四百余人，诈称入贡，且献巨烛，藏火药、刀剑其中。既至，而惟庸已败，计不行。帝亦未知其狡谋也。越数年，其事始露。"

僧人如瑶率四百余名士兵来到南京后，获知胡惟庸集团已经覆灭，因此没敢轻举妄动，悄悄回到了日本。胡惟庸联手日本颠覆朱元璋政权的计划流产，过了很多年，这个事情才暴露出来。

林贤被捕后，以谋反罪被族诛。家族中的男人除了年幼孩子外，全部被杀，妻子、妾室则因为是女性幸免于难，做了奴婢。

胡惟庸的罪证，像滚雪球一样越滚越大。

明洪武二十一年（1388），永昌侯蓝玉北征，率十五万大军，征讨北元嗣君脱古思帖木儿。捕鱼儿海战役中，脱古思帖木儿大败，蓝玉赢得捕鱼儿海战役的副产品——抓获了封绩，胡惟庸勾结北元之事由此暴露。

封绩是河南人，原为归降朱元璋的元旧臣，后成为帮助胡惟庸私通北边蒙古人的秘密使者。

他到北边去联络，有两种说法。一种是他归降朱元璋后，命

第五章 大权在握

他做官，他不愿意效力，让他回到家乡，他又不愿意回去，于是将他谪戍于北边。胡惟庸等人让他给元嗣君脱古思帖木儿带去书信。另一种说法是，胡惟庸派遣封绩北上，与元嗣君脱古思帖木儿沟通，带去了他本人写的一封亲笔信，在信中他向北元嗣君俯首称臣，请求发兵作为外应，支持他发动政变。

这些事情一直没有暴露。等到胡惟庸被杀，封绩感到很恐惧，不敢回到南方，在北方滞留不归，直到捕鱼儿海战役发生，被蓝玉军队俘虏。李善长对蓝玉抓获封绩一事隐匿不报，没有上奏朱元璋。

对于封绩的事情，历史文献记载不一致。按照《昭示奸党录》的记载，则是另外一个版本。

封绩供称，他是常州府武进县人，年幼时是一名神童。朱元璋的大军攻破常州时，封绩被一名百户掳作小厮，替百户干拾柴等杂事。等到长大后，有一名千户见封绩头脑聪明，便招他为女婿。后来封绩与妻子家里不和，被告发，封绩被迁往海南居住。因为见胡惟庸、陈宁擅权，封绩写了一份专报反映他们的阴事。

当时，凡有实封的奏报到了中书省，胡惟庸必先开视，其中有说自己不好的即隐匿不发，还诬告陷害写奏报的人。胡丞相见到封绩的奏报，其中有说到胡惟庸的不好之处。胡惟庸决定隐匿奏报，不向朱元璋汇报，并诈传圣旨，提出封绩，押赴南京，交

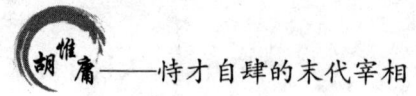

给刑部审问，最终刑部判处封绩死刑。

胡丞相派人问封绩："你今当死，若去北边走一遭，便饶了你。"

封绩没有其他选择，为了保命，便答应下来。

胡丞相派遣宣使将封绩送往宁夏。封绩先后辗转耿（忠）指挥、居指挥、于（琥）指挥、王指挥等处。

耿指挥派千户张林，镇抚张虎、李用转送封绩去往亦集乃地面。行至中途，他们遇到达达人爱族保哥等人，就与他们一起骑马，由达达人带路，来到火林，见到唐兀不花丞相。

唐兀不花令儿子庄家送封绩来到哈剌章蛮子处，将胡丞相的消息详细和他说了一遍。

胡丞相说："著发兵扰边，我奏了将京城军马发出去，我里面好做事。"

这样，封绩就和北元勾结上了。

封绩被捕入狱后，经过讯问，封绩招供了胡惟庸谋反的内幕以及李善长的私人书信。私人书信经过确认，是李善长的手迹。

明洪武二十三年（1390）五月，李善长的家奴卢仲谦向官府自首，告发李善长和胡惟庸往来的情况。

而陆仲亨的家奴封贴木等人也自首，告发陆仲亨与唐胜宗、费聚、赵庸三侯与胡惟庸共谋不轨。他们都与胡惟庸、李善长结

第五章　大权在握

为同党，曾经谋划约定日期为变，但是最后没有行动，事情因此被掩盖下来。

五月这个时间节点耐人寻味，因为就在几天前，朱元璋一次性下诏，将十六个年老的公侯打发还乡，标志着一个时代的结束，一批新鲜血液担负起了守江山的重任。公侯们临走之前，各个重重有赏。魏国公、开国公、曹国公、宋国公、申国公、颍国公六公，各赐黄金三百两、白银二千两、钞三千锭、文绮三十匹、绫十匹。永平、南雄、崇山、怀远、凤翔、定远、安庆、武定、巩昌、鹤庆十侯，各赐黄金二百两、白金二千两、钞一千锭、文绮三十匹。其中得到赏赐的，就有南雄侯赵庸。赵庸本来可以拿着真金白银回乡养老，这举报一来，在家安享天年便成了奢望。

这些被举报的人，无一幸免。

刑官请求逮捕讯问李善长，但是朱元璋下诏指示勿问。

监察御史弹劾太师、韩国公李善长的罪状，指责李善长最初由小吏起步，遭遇龙兴而飞黄腾达，但是没有介胄之劳，缺乏匡辅之德。弹劾的奏章说："皇上念其闾里旧人，艰难扈从，服勤左右，多历年所，锡之公爵，位及人臣，禄及子孙，恩覃骨肉。而善长柔奸隐匿，尸位素飡，杨宪谋叛，若罔闻知，胡（惟庸）、陈（宁）不轨，又为谋主。皇上累加曲贷，恬不知恩，今按得封

绩往来沙漠私书，有善长手迹，大逆不道，罪状甚明。天恩宽大，尚存矜恤，王法无私，罪在不赦。"(《明太祖实录》)

这个弹劾，指责李善长不举报杨宪谋叛，又是胡（惟庸）、陈（宁）的谋主，还从封绩那里查到李善长给北元嗣君的手迹。这些指控，足以置李善长于死地。

朱元璋心里很矛盾，李善长毕竟不是胡惟庸这种人。世上可以有一千个胡惟庸，却只有一个李善长。李善长是辅佐自己得到天下的特殊人物，又是淮西集团的领头羊、第一文臣，长期把持朝政，树大根深。处理胡惟庸集团再加李善长集团，用除恶务尽的手段，势必牵连很多人。

起初，朱元璋不予批复。

五月庚子，监察御史再次请求查究、审问太师李善长的罪行，同时追究其侄子李佑的罪行。

朱元璋迫不得已，命令将李佑捉拿入狱。

根据李善长家奴卢仲谦等人的供述，胡惟庸在刚当上江西宁国知县时，获得李善长推荐，成为太常少卿。为表示感谢，胡惟庸拿出三百两黄金酬谢李善长。胡惟庸欲谋反，李善长暗地派遣家奴耿子忠等四十人，跟从协助胡惟庸。胡惟庸用丰厚的金帛结交这些人，以一把古剑酬谢李善长，并称这把古剑是回回国所献，又以玉酒壶、玉刻龙盏、蟠桃玉杯孝敬李善长。这些指控指

第五章　大权在握

向李善长贪腐,而且派人帮助胡惟庸谋反。

朱元璋听了汇报,说道:"太师辈果有是耶?"于是命廷臣深入审理,具得其实。

群臣上奏:李善长等人当诛。

朱元璋又不许杀李善长,复令诸司官员审问陆仲亨等人。陆仲亨等人皆招供。

当事情闹到了这个份上,李善长益发危惧,精神已经快崩溃了。

朱元璋还下诏对他进行安慰,又召李善长来到奉天门。

两人谈到开创艰难之际,都非常激动,为之流涕。这番谈话并非表演做戏,朱元璋并非完全无情之人,他深知"故圣王之于天下,必本人情而为治",因此对李善长还有一点感情。

两人又缓步来到右顺门。

朱元璋对群臣说:"吾欲宥李佑等死,以慰太师。太师年老旦暮,无以为怀。"

可是跟着他俩的一帮群臣,不同意朱元璋的宽大处理,又上奏称,李善长是开国旧臣,任寄腹心,亲托骨肉,还做出这样的事。臣等考其事,谋反之状甚明,胆敢以死奉法。

朱元璋叹道:"法如是,为之奈何?"

意思是法不容情,自己也无可奈何。要依法处置李善长,但

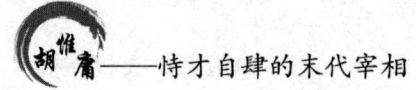

这个命令又说不出口。

李善长自知保命没有希望了，非常惭愧地说："臣诚负罪，无面目见百官矣。"

李善长犹如一枚棋子，已经进入死局，多说无益。他作别昔日的主子，神情落寞地回到李府。他又得知，朱元璋判处李佑及陆仲亨等人死刑，对自己如何处置，朱元璋却什么都没有说。

当时又有人说天上将有星变，一占卜，结果说为了避开天灾，当移大臣。现在，朱元璋最想做的，就是请君入瓮，逼死李善长。

李善长免死两次的铁券，没有发挥一点效力，因为朱元璋根本不会兑现当初的诺言。当初，给铁券的时候是诚心诚意要回报功臣们的奉献，然而遇到谋反之类，世上就没有什么免死金牌了。77岁的李善长当然明白朱元璋心里想什么，徘徊半天之后，上吊自杀了。时间是明洪武二十三年（1390）五月初六。

听说李善长已经一命归西，朱元璋放心了，命以礼安葬李善长，厚厚地抚恤其家。

李善长死了，但是朱元璋没有放过他无辜的家人。想当年，君臣坐而论法，哪知道是李善长自我挖坑。元至正二十七年（1367），朱元璋对中书省臣李善长等人指出连坐的荒谬性，他认为法有连坐之条，会侵害损伤人，审理案件应当平恕。先王之

第五章　大权在握

政，罪不及孥，真是非常忠厚。还说从今以后除大逆不道，不要连坐。但是，谕旨就是落不到实处。李善长在制定法律时，没有废除连坐之条，这样每逢大案要案，成千上万的无辜者仅仅因为是犯人的妻子儿女等亲属而受到株连，悲惨地死去，成为政治斗争的牺牲品。

连坐的法律是李善长自己制定的，他哪里想到会自作自受呢？

这样一个有卓越功勋的人，因为没举报胡惟庸谋反，最后被夷灭三族，妻子、儿女等七十余人全部被杀。

清代官员严遂成作《韩国公李善长》为他鸣不平，批评朱元璋比刘邦更残忍：

韩国公，萧何主守高于血汗功，谁连染之胡惟庸。
惟庸弟之亲，可以赎其兄之身。
何至杀及七十人，狱辞传著真不真。
呜呼，王虞部疏抗声读，一字一痛哭。
开国元勋传，变为奸党录。
人言汉高心肠薄，不闻并赤萧何族。

而吉安侯陆仲亨、延安侯唐胜宗、平凉侯费聚、南雄侯赵庸、荥阳侯郑遇春、宜春侯黄彬、河南侯陆聚等皆同时坐胡惟庸党死。已故的荥阳侯杨璟、济宁侯顾时等人被追究罪责，连坐者又有若干人。

李善长的几个儿子因为是驸马爷，免除死罪，不再世袭爵位和铁券。他的儿子驸马都尉李祺后来卒于江浦。

李善长等人的供词写进《昭示奸党三录》，布告天下，身败名裂。

朱元璋颁布《昭示奸党录》《臣戒录》《大诰》《世臣总录》等书，谆谆告谕臣下，不要重蹈胡惟庸的覆辙。到明成祖时代，还拿胡惟庸事件来诫谕臣下勿私通外夷。

朱元璋为什么要逼死李善长？

除了受贿提拔胡惟庸、被怀疑帮助胡惟庸谋反外，还有其他一些原因。

李善长是淮西集团的领头羊，长期把持朝政，参与倾轧其他政治集团，整过不少人，树敌太多，其中参议李饮冰、杨希圣，稍微侵夺了李善长的权力，李善长立即追究他们，上奏罢免了他们的职务。特别是朱元璋怀疑李善长、胡惟庸等人毒死了刘基。

李善长违反铁榜禁令。根据铁榜其二，"凡公侯等官，非奉特旨，不得私役官军，违者初犯、再犯，免罪附过，三犯准免死一次，其官军敢有辄便听，从者杖一百，发海南充军"。

第五章 大权在握

一次,李善长的房子旧了,需要修缮,却妄想私役官军,为自己修房子。其实凭他四千石的高额年薪,按理说雇用几个百姓修修房子并不成问题。可是,他居然鬼迷心窍,从掌都督府事的信国公汤和那里,借三百名士兵,帮他营建李府。

汤和是最忠于朱元璋的,一兵一卒的动向都会如实汇报。他当场攘臂大怒,对李善长说道:"非奉命,太师敢擅发兵邪?"

李善长知道自己的做法不对,惭谢而退。

作为大政治家,李善长的政治敏感性应该很强。他熟悉历史,监修《元史》,对历史上的君臣关系摸得透透的。但是李善长病退后,丧失政治警惕性,不太讲政治,对朱元璋的感情也变淡了。晚年的李善长对朱元璋的过头做法很不赞同,朱元璋残暴一次,他对皇帝的感情就变淡一次,两人关系很紧张。于是他选择远离政治,智老偷生,以为自己可以平平安安地走完一生。

在刘基死后不久,朱元璋也生了重病,近十天没上朝。这么久没上朝,对于一个从天没亮干到夜深的"工作狂"来说是很不平常的事件,说明朱元璋当时病得很重。但是,他的亲密战友李善长,竟然没去问候,这让朱元璋非常寒心。

明洪武九年(1376)九月,御史大夫汪广洋、陈宁弹劾已退休的太师韩国公李善长对重病的皇帝没有问候之敬,孤恩失礼。同时,也弹劾李善长的儿子、驸马李祺六天不上朝,召他来前

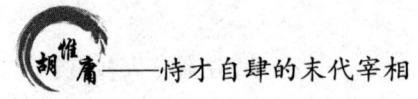

殿,见到朱元璋又不施礼,由此可知李善长对儿子家教不好,应对他们父子加以惩治。上奏之后,李善长父子免冠待罪。

朱元璋还是放了他们一马,再次宽宥了他们。朱元璋说:"大罪不治,则法无以立;小过不赦,则人无所容。善长,国之大臣,不能律身教子,劾之诚是,但念相从之久,宥之勿问。"(《明太祖实录》)

朱元璋的性格是"道是无情却有情",或者"道是有情却无情",有情是表,无情是里,无关紧要的事情可以宽宥,但是对危及他自身权力的人,朱元璋便立刻露出毒辣的本来面目。先前李善长有过错,朱元璋都予以宽宥。然而,尽管胡惟庸被处死很多年,风头早就过去,但是李善长的罪行一件件被揭发出来,还对胡惟庸的谋反狐疑观望时,朱元璋便翻脸无情,逼李善长自杀,并且将其夷灭三族。

胡惟庸除与北元、日本私通外,还与东边的高丽、西边的卜宠吉儿、南边的三佛齐相勾结,被朱元璋扣上了私通外夷的罪名。其本质却是把明初闭关锁国导致对外交往上的失败责任甩锅给胡惟庸。

"南倭北虏"始终是明代的心腹大患。胡惟庸案,导致中国和日本断绝外交关系,并将著之于《祖训》。朱元璋族诛了林贤,又对日本协助胡惟庸谋反非常愤怒,决意和日本断交,并加大了

第五章 大权在握

海防力度。这种政策导致外贸几乎绝迹,倭寇数量越来越多,不仅有来自日本国内的真倭寇,也有来自国内沿海缺乏经济来源的假倭寇。

明初怀着一颗"玻璃心",在外交上高高在上,和高丽搞不好关系,便指控胡惟庸收受高丽使者的贿赂,遣返了高丽使者,还下令辽东守将唐胜宗、叶升不要跟高丽接触:"令绝高丽,勿通使命。"

明洪武三十年(1397),朱元璋向礼部提及胡惟庸勾结三佛齐一事。八月丙午,礼部上奏反映诸番国使臣客旅不通。朱元璋说道:"洪武初,海外诸番与中国往来,使臣不绝,商贾便之。近者,安南、占城、真腊、暹罗、爪哇、大琉球、三佛齐、渤泥、彭亨、百花、苏门答剌、西洋邦、哈剌等凡三十国,以胡惟庸谋乱,三佛齐乃生间谍,绐我使臣至彼。爪哇国王闻知其事,戒饬三佛齐,礼送还朝。是后,使臣、商旅阻绝,诸国王之意,遂尔不通。"(《明太祖实录》)

到了明永乐五年(1407)八月,朱棣诏敕陕西行都司都指挥陈敬及巡按监察御史,禁止他们有外交行为,其中也说到胡惟庸私通日本之事。朱棣写道:"人臣无外交,古有明戒。我太祖皇帝申明此禁,最为严切。如胡惟庸私通日本,祸及身家,天下后世,晓然知也。"

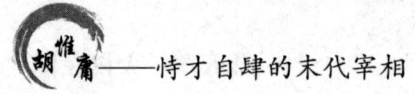
胡惟庸——恃才自肆的末代宰相

三、引爆蓝玉案

胡惟庸案不仅是一系列政治事件的开端，也是蓝玉案的前奏。胡惟庸案、李善长案、蓝玉案，犹如三张大网，朱元璋通过这三次案件，把功臣几乎杀得干干净净，怎一个狠字了得。

明洪武二十六年（1393），蓝玉以谋逆罪被杀，连坐而死者达到一万五千人。而《明史纪事本末》记载：蓝玉案"坐党论死者，可二万人，蔓衍过于胡惟庸"。

蓝玉是一代名将，定远人，一开始跟着姐夫开平王常遇春打仗，骁勇善战，所向披靡。常遇春很欣赏他，常在朱元璋面前推荐蓝玉，称赞蓝玉有大将之才。

在徐达、常遇春死后，新一代战将蓝玉多次任军队主帅。他的军事才能，在大明建立后得到极大发挥。

蓝玉曾跟随颍川侯傅友德，攻克四川，消灭夏国；跟随中山王徐达，征讨北元残部，大败元军；跟随西平侯沐英，征讨西番，活捉其首领，消灭和俘虏上千人。军队凯旋后，蓝玉被封为永昌侯；跟随傅友德，平定云南，逼迫元梁王自杀，元代势力在长城以南彻底灭亡。蓝玉的女儿嫁进帝王家，被册封为蜀王妃；跟随大将军冯胜平定东北，降服北元悍将、木华黎的后裔纳哈出。军队凯旋后，大将军冯胜获罪。蓝玉接替冯胜的职位，升任

第五章　大权在握

大将军。

明洪武二十一年（1388）三月，蓝玉率十五万大军，征讨北元嗣君脱古思帖木儿。朱元璋告诉蓝玉："肃清沙漠，在此一举。"捕鱼儿海战役，让成吉思汗及子孙建立的横跨欧亚大陆的蒙古王朝，在历史长河中彻底没了踪影，仅剩残余政权在喘息。朱元璋接到捕鱼儿海大捷战报，大赞蓝玉是汉代卫青、唐代李靖，晋封为凉国公。

然而大批功臣遇害，特别是叶升在胡惟庸案中遇害，在大将军蓝玉心里投下了沉重的阴影，功臣难保全的际遇是促使他谋反的动机之一。

朱元璋编写的《逆臣录》中记录了一些人的供状。

府军前卫一个百户李成供称，蓝玉曾对他说："我亲家靖宁侯（指叶升）做到侯的位子，如今把他废了。前日说教做太师，今番又着别人做了。我想上位（指皇帝）容不得人，倒每废了几个，久证都是难保全的。你众人征南征北许多年，熬得个千百户、总小旗做，没一日安闲快活，你肯随着我一心时，早晚来我跟前听候。"

靖宁侯叶升是蓝玉的亲家，因为与胡惟庸走得近而被杀，使蓝玉很受震动，有了兔死狐悲、公侯难以保全的危机感。李成的供状显示，蓝玉对没成为太师感到不满。

兴武卫指挥佥事董翰的供状称，蓝玉曾告诉他："我亲家靖宁侯（指叶升）征南征北，受多少苦，熬得做个公侯地位，也把他做胡党，全家废了。我自征进回来，见上位（指皇帝）好生疑我，料想他必是招出我来。不如我如今趁早先下手做一场，免致后患。我已与库军等卫头目商量定了，未知你众官人心下如何？"他的供状显示，蓝玉想先下手对付朱元璋。

东莞伯何荣之弟何宏的供状称，蓝玉曾对詹级说："你见本朝文官，那（哪）一个有始终？便是老太师（指李善长）、我亲家靖宁侯也罢了。如今上位（指皇帝）病缠在身，殿下（指朱允炆）年纪又小，天下军马都是我总着。"

他的供状显示，蓝玉作为天下兵马的掌控者，想趁朱元璋疾病缠身、朱允炆年小的时机搞事。

蓝玉最后的罪状是："玉同景川侯曹震、鹤庆侯张翼、舳舻侯朱寿、东莞伯何荣及吏部尚书詹徽、户部侍郎傅友文等谋为变，将伺帝出耤田举事。"（《明史》）

明洪武二十六年（1393），朱元璋将蓝玉以谋反罪处死，族诛。诛一族指杀本人一族，在明代比较常见。族诛属于连坐扩大化，一个人有罪，不管他家族别的成员是否有罪，整个家族的人也要全部杀光，非常荒唐残忍。

凡连坐的称为"蓝党"，一律处死，一万五千多人因此丧命。

第五章　大权在握

四、真相的 N 种解读

胡惟庸党案的真相已经湮没在历史的尘埃之中，或许注定真相难寻，寻到的结果也许都称不上是真相。

出于高压政治环境的原因，明代的政府官员、史学家、作家等不敢记载和深究真相，只能相信官方的说法。后来的作者能写胡惟庸党案了，一般拿永乐年间修订的第三版《明太祖实录》做材料（建文年间第一次编写的《明太祖实录》可能较为真实，已被焚，不存于世），因此后来的著作闭门造车、凭空想象的成分比较多，各个记载之间时间、人物、事件经过等要素互相矛盾。

历史事件涉及许多不同的因素和人物，时过境迁之后，许多证据和记录已经丢失或被篡改，导致历史真相难以还原。因此，历史研究是一个不断探索和考证的过程，需要学者们利用各种资源和手段，尽可能地还原历史事件的真相。

还原历史真相的难度很大，我们只能无限逼近真相，却很难百分之百地还原当时的真实情形，各种潜规则和难言之隐只能靠推理而已。这是历史的缺陷，也是历史研究的魅力所在。历史研究不仅可以帮助我们了解过去的事件和人物，更可以帮助我们拓宽视野，理解人类社会发展的演变。

具体到胡惟庸案，我们可以做多种解读。

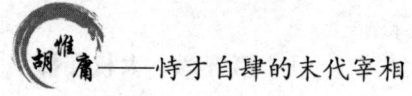

第一种解读。

吴晗观点：胡惟庸不是谋反，而是朱元璋制造的有计划的大屠杀，替他制造罪状。

历史学家吴晗写的《胡惟庸党案考》，对该案进行了深入研究，试图揭开案件真相。

吴晗经过研究，得出以下结论：

关于中日关系部分。

（一）明初明廷通好日本的真正原因，纯为请其禁戢倭寇。

（二）明太祖列日本于十五不征之国，事在洪武六年以前，和如瑶贡舶及绝交事无关。

（三）如瑶贡舶事纯出捏造。

（四）林贤下海招倭事不足置信。

关于胡案部分。

（一）云奇事件出于中人附会。

（二）刘基被毒，出于明太祖之阴谋。胡惟庸被明太祖利用，胡下狱后，涂节窥见明太祖欲兴大狱之意旨而上告，商暠亦受朝廷指使，发其阴事，胡案因起。涂节等因触犯明太祖私隐，被杀灭口。

（三）占城贡使事及汪广洋妾从死事都只是胡惟庸和廷臣连带下狱的偶然口实，不过借此使人知胡失宠，无形中示意言官使

第五章 大权在握

其攻击胡氏,是罗织成狱的一个过程而已。

(四)李善长狱与封绩使元事无关。《明史》诸书所记封绩事荒谬不可信。

根据吴晗的研究,这些案件互相关联,是朱元璋制造的有计划的大屠杀。

吴晗认为,胡惟庸据明人诸书所记是一个枭猾阴险、专权树党的人,明太祖自私惨刻,自然不能与他这样的人相处,一方面朱元璋深虑身后子懦孙弱,生怕一般功臣宿将不受制驭,因示意廷臣,有主张地施行一系列大屠杀,胡案先起,继以李案,晚年太子死复继以蓝案。胡惟庸案是这一大屠杀案的开端。

在胡案初起时,胡氏的罪状只是擅权植党,这条文拿来杀胡惟庸有余,要用以牵蔓诸勋臣宿将却未免小题大做,于是替他制造罪状。明代的大患是南倭北虏,人臣的大罪是结党谋叛,于是明太祖和他的秘书们便代替胡氏设想,巧为造作,叫封绩供出胡惟庸通元的事迹,算作胡党造反的罪状。后来又叫封绩攀出李善长,引起第二次屠杀。一面又让林贤捏造出一串事迹,算他通倭。恰巧胡惟庸死后不久,日使或日商来华,因无国书被明廷诘责,他们就把这两件事并为一事,便成造反铁案。中日关系因倭寇问题恶化,明廷不得不闭关自守,把绝倭的责任委在莫须有先生的如瑶头上。捏造胡惟庸之通虏通倭,明廷由此洗刷外交失败

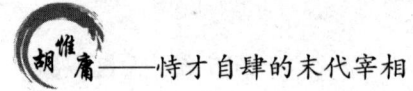胡惟庸——恃才自肆的末代宰相

的耻辱。

吴晗还认为，明太祖屡兴文字之狱，是对知识分子严刑示威，杀掉老的士大夫、培养新的皇帝的奴才。在胡蓝二狱中所杀的几万人中大多属于知识分子，如宋濂。同时极力设学兴教，进用宋讷一流刻薄寡恩的教师，用廪禄刑责造就出一批听命唯谨的新知识分子出来，做皇帝个人的驯仆，来代替老一辈的士大夫。这是明太祖巩固君权的方法，也是这几次大狱的起因。

如果吴晗的分析成立，那么朱元璋可以被描述为一个为了巩固权力不择手段的君主，形同马基雅维利主义。朱元璋在维护朱家统治的过程中，进行多次大屠杀，涉及的人数数以万计。这些行为背后的动机是为了消除潜在的反对力量和挑战者，确保自己和子孙的地位稳固。从毒死刘基开始，朱元璋有计划地编造了一个又一个的谎言，把一个又一个功臣网罗进这个谋反的谎言里，几乎全部杀掉。这些大屠杀充满冤假错案，是他巩固君权、维护朱家王朝的自私自利之举，使得他的统治充满了暴力和血腥。

当然，这是吴晗的一家之言，有助于理顺各个事件之间的逻辑。历史上一些谋反案不实，谋反罪成了害人时随便乱扣的大帽子，胡惟庸案也不排除这种情形。

我们从其他角度解读这段历史，也可以不把朱元璋写得这么坏。朱元璋尽管杀人如麻，但颇为爱民，杀的人多是他看不惯的

第五章　大权在握

害民的官僚阶层，因此出现"官不聊生"的奇葩现象。

第二种解读。

胡惟庸、李善长、蓝玉谋反，这是明代官方的说辞。

"风起于青萍之末，浪成于微澜之间。"历史上的政变案，大多经过长期酝酿，而造反成功只是短短几个时辰的事情。本领高超的猎人能从青萍之末的风中嗅到狐狸身上散发的诡异气息。

朱元璋就是一个嗅觉灵敏的猎人，他异于常人，见事早、谋事早、行动早。

他对自己的生命安全保持高度警惕，四处布置眼线，对部下叛变先知先觉，处理起来毫不手软。建立明朝之前，杀了大将邵荣、谢再兴、郭天爵等人。

南京三山门事件似乎是云奇告变的真实版本，宦官救主反而是一场传说。

此次事件，邵荣是主谋。朱元璋帐下前三名骁将，除了徐达和常遇春外，就是邵荣。

元至正十八年（1358），邵荣与徐达攻克江苏宜兴，第二年在杭州余杭大败张士诚。邵荣担任中书平章政事后，地位超过常遇春。而年年艰苦征战的邵荣，不甘心位居朱元璋之下，思想开始产生了动摇，成为埋伏在朱元璋身边最凶恶、最不动声色的死敌。

胡惟庸——恃才自肆的末代宰相

元至正二十二年（1362），邵荣在处州（今浙江丽水）平定苗军叛乱，回到南京，与参政赵继祖密谋暗杀朱元璋，发生了南京三山门谋逆之事。

邵荣选择在三山门动手，是因为它防守严密，易于得手。三山门又称水西门，在南京城十三座城门之中，它是兼由水路、陆路进出南京的主要通道，朱元璋极有可能从这里经过。它设有四道门垣，每两道城墙之间设有瓮城，共有三座瓮城，便于瓮中捉鳖。

邵荣埋伏精兵于三山门内，只等朱元璋外出回南京之时，将他一举拿下，然后率领海船投降苏州的张士诚。

朱元璋命不该绝，广布的特务系统再次挽救了他。特务宋国兴跑来，偷偷告发邵荣的阴谋。

朱元璋引而不发，绕开三山门，从其他城门悄悄进入南京，安排廖永忠设下鸿门宴，在席间逮捕邵荣、赵继祖。朱元璋来到席间，和他们喝酒，当面质问为什么要谋害他。

邵荣哭道："我们连年在外打仗，攻城略地，非常辛苦，不能在家和妻子相守同乐，所以想杀你。"朱元璋一连和他们吃了几天送行酒，最终下令诛之。

又有郭子兴的三儿子、中书右丞郭天爵，想加害朱元璋。他的二哥郭天叙在集庆战役中牺牲，他父亲郭子兴的军队归朱元璋

第五章　大权在握

指挥后，郭天爵一心想夺回父亲的位子。于是郭天爵纠集父亲的旧部，合谋除掉朱元璋，多次下毒谋害，没能得逞。郭天爵被朱元璋以谋叛罪处死。

朱元璋挥刀铲除大敌的同时，患上猜忌多疑的毛病，在明朝建立后特别是晚年时期，更是疑神疑鬼、忧思过度，甚至强化特务政治确保平安。

如果胡惟庸真是谋反，经过李善长、胡惟庸前后两代丞相的经营，在重要岗位上已经安插了不少党羽。

而且胡惟庸在中书省人事上权力很大，有些重要岗位甚至不请示朱元璋直接任命，还与文臣陈宁、涂节勾结，在军事上与大将唐胜宗、陆仲亨、费聚等人联合。在经济上还派家奴经营水上运输，派李茂实经营食盐生意。胡惟庸最后却采取了诱引朱元璋来胡府伺机刺杀的步骤。

而这些案件，都有下属或者家奴举报。如果举报谋反不实，后果非常严重，举报者将触犯谋反罪，被族诛的风险极大。

这些案件被举报后，朱元璋最初都不知情，审理后才异常吃惊，不敢相信这些人居然当两面人。

在审理案件的过程中，朱元璋对重要将领、文臣都亲自参与审理，态度非常慎重，杜绝臣下"锻炼刑狱"蒙蔽自己，也教导儿子们对大狱要详审，不可罗织罪名。

明洪武十六年（1383）二月庚辰，朱元璋对皇太子诸王说："凡听讼贵明，不明则刑罚不中，罪加良善，人心怨咨，有伤天和。或有大狱，必当详审，庶免构陷之非、锻练（指罗织罪名，陷人于罪）之弊。"

十一月，朱元璋再次对皇太子诸王说："纯良之臣，国之宝也；残暴之臣，国之蠹也。自古纯良者为君造福，而残暴者为国致殃。"又进一步解释了何谓纯良和何谓残暴，教导儿子们不要做残暴之臣，不可"锻炼刑狱"。

朱元璋能迅速查办这些案件，也在于他能广布检校，居安思危，"人常虑危乃不蹈危，常虑患乃不及患"（朱元璋语）。谋反之事刚刚露出苗头，就迅速将其扑灭，而不是像"夺门之变""曹石之乱"那样，事态已经发展到不可挽回的地步了，统治者还浑然不知。由于朱元璋查办及时，很多人"反形未具"，这也是谋反证据不足的原因之一。

第三种解读：反应过度的大屠杀。

既然历史真相很难复原，那么，对历史的理解和评价就可以存在多种角度和观点。虽然朱元璋大杀功臣的行为带有很强的暴力和血腥色彩，制造了大量冤假错案，严重损害了社会公平正义，但也有人认为，他的行为是出于维护国家稳定和皇权延续的需要，是被动的反应过度的大屠杀。

第五章　大权在握

对于历史人物的评价往往需要综合考虑多种因素，包括历史背景、个人动机、行为后果等。

朱元璋制造三大案的原因可以归结如下：

（一）巩固政权，为子孙铺路

朱元璋晚年一直忧心忡忡，非常焦虑。作为创业之君，他饱经忧患，得国艰难，心怀忧天下之心，总担心以后的寻常之君以天下为乐而导致国亡。

明洪武二年（1369）九月，朱元璋对皇太子朱标说："自古帝王以天下为忧者，唯创业之君、中兴之王及守成贤君能之。其寻常之君，不以天下为忧，反以天下为乐，国亡自此而始，何也？帝王得国之初，天必授于有德者，然频履忧患而后得之，其得之也难，故其忧之也深。若守成继体之君，常存敬畏，以祖宗忧天下之心为心，则能永受天命，苟生怠慢，危亡必至，可不畏哉？"（《明太祖实录》）

因此，大杀功臣就好比将长满刺的荆棘削成一把顺手的拐杖，再安心地交给后代。《翦胜野闻》记载朱元璋和朱标的一段故事，"太子谏曰：'陛下诛夷过滥，恐伤天和。'帝默然。明日，以棘杖委于地，命太子持而进，太子难之。帝曰：'汝弗能执欤？使我运琢以遗汝，岂不美哉？今所诛者，皆天下之刑余也，除之以安汝，福莫大焉'"。朱元璋面对太子对自己"诛夷过滥"的指责,令太子捡拾棘杖,而太子面有难色。朱元璋说,我除掉他们,正是为了将加工好的棘杖送给你,正是一桩美事、福事。

(二)遏制特权阶层贪污腐化

功臣出生入死,换来朱元璋的大明天下。朱元璋给予他们大量特权,同时又铸铁榜、定法律限制他们欺压百姓。

一些功臣转变为官僚阶级后,思想发生滑坡,认为自己劳苦功高,理当享受胜利的果实。而头脑冷静的朱元璋一再告诫功臣们不要"骄奢淫佚",陷入贪污腐败而失去民心。

明洪武元年(1368)九月,朱元璋上朝罢,召集宿卫武臣谕之曰:"朕与尔等起布衣,历战阵十五六年,乃得成功。朕今为天子,卿等亦任显荣、居富贵,非偶然也。当四方豪杰并起、互相攻夺,朕提孤军应敌,危亦甚矣,然每出师,必戒将士毋妄杀、毋焚民居,此心简在上帝,故有今日。卿等亦思曩时在民间,视元之将帅轻裘肥马,气焰赫然,何敢望之?然彼之君臣,不思祖宗创业之难,骄淫奢侈,但顾一身逸乐,不恤生民疾苦,一旦天更其运,非特不能保其富贵,遂致丧身灭名,今历数在朕,朕何敢骄怠?常恐政事废缺,日慎一日,自非犒赏将士、宴百官、享劳外使,未尝设宴为乐。尔等亦须勤身守法,勿忘贫贱之时,勿为骄奢淫佚之事,则身常荣而家常裕矣。"(《明太祖实录》)

第五章 大权在握

然而，人性是经不起考验的，不少功臣在"糖衣炮弹"的进攻下迅速腐化变质。朱元璋将他们归类为小人，认为这些功臣对王朝的长治久安构成严重威胁，因此要无情地清洗。尤其对其子孙构成威胁的人，必须除之而后快。只有杀，才能确保他以及嗣君控制住军队，不丢宝座。

但是，朱元璋使用人治而非法治的手段，过于凶猛。

对杀人的胡惟庸、朱文正等是该处死，对一些犯下揩公家油水、恃强凌弱、霸占土地、非法经营、非礼妇女、贪污纳贿、使用龙凤图案等罪行的人，本来可以使用正常的法律手段解决，但是朱元璋将他们无情地加以大肆清洗。他扣在功臣头上的罪名非常模式化：谋反和连坐，一杀就是一大批，有的杀人手段还十分残忍。

（三）朱元璋可能存在诸多疾病

朱元璋采取过激手段，可能与一些老年性身体疾病、精神疾病有关。这些疾病可能与其个人性格、长期的精神压力和紧张的工作环境等有关。

朱元璋的身体进入50岁以后便大不如前，体力下降，百病丛生。

朱元璋不怎么喝酒，饮食也非大鱼大肉，但是患上了心跳快的毛病，宋濂劝他要清心寡欲。他有可能患有高血压。而长期的

"日勤不怠"、精神紧张、焦虑等因素会引起高血压的发生,出现头痛、疲劳、心悸等症状。

朱元璋晚年时常发高热,爱幻想,晚上还做怪梦。还经常失眠,半夜起来办公,等天亮以后再发出指示。

家庭关系、父子之间的矛盾使他感到忧心和痛苦,朱标的仁慈做法和他极端的凶猛手段大相径庭。然而随着妻子马皇后、皇太子朱标去世,朱元璋由此遭受重大打击,精神压力和负担加重。朱标一死,朱元璋心痛得胡子、头发全部变白。

朱元璋曾经嚼过可以使人产生幻觉的菖蒲。朱元璋多次交往的周颠仙,是经常吃菖蒲的疯疯癫癫的大仙。周颠仙身居庐山之时,曾经托人给重病中的朱元璋带去自制中药药丸,治理其高烧不退的热病,疗效不错。

朱元璋晚年变得易怒、易激惹,喜怒无常,暴怒到失去常态,好走极端。历史上经常记录朱元璋"忧危积心""大怒",犹如一个随时要爆炸的地雷或火药桶,经常对官员和宫廷侍从大发脾气,从而情绪崩溃,大肆杀人。

有理由怀疑朱元璋患有老年性精神疾病,比如精神分裂症、双相情感障碍(躁狂与抑郁交替出现的心境障碍)、焦虑症、躁狂症、疑心病、受迫害妄想症等。例如,双相情感障碍患者有时性格暴躁,容易发怒,不听劝说,跟人纠缠无止无休,很符合朱

第五章 大权在握

元璋晚年的性格特征。

当时的医学知识比较有限，历史上的描述可能存在主观性和偏见，但可以从中看出朱元璋晚年的行为表现出了一些与现代心理学和精神医学有关的症状和特征。

（四）缺乏新的谋士

"火车跑得快，全靠车头带"，金字塔式的统治结构也是如此，头部组织的方向是否正确、能量大小决定天下能否蹄疾步稳、行稳致远，正所谓"一事之得，天下蒙其利；一事之失，天下受其害"（朱元璋语）。而头部组织的稳健有力，离不开智囊团的保驾护航。"固有竭万人之力以应敌，而不足有用一人之智以制敌而有余，此用智力之殊也。"（朱元璋语）可见谋士的重要作用。

朱元璋经常问计于李善长、朱升、陶安、刘基、宋濂等人，因此在政治上能够做出明智的决策，大政方略没有偏差。但随着老一代顾问团离开历史舞台，智囊团明显后继乏人。马皇后在世时，能够经常规劝朱元璋，纠正他的过度滥杀之举，然而马皇后去世后，朱元璋对谁的话都不听，决策确实出现偏差，几乎没有人能够纠正他的凶猛滥杀行为。

朱元璋决策风格的改变和顾问团队的变动，对他的决策产生了重大影响，由于他的个人偏见和情绪，决策变得更加主观和武

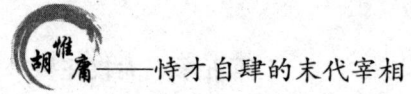

断,从而影响了明朝政局发展。

(五)维护上下尊卑秩序

胡惟庸的一个罪名是"擅作威福,谋为不轨,僭用黄罗帐幔,饰以金龙凤文",这属于破坏礼制的范畴。

中国古代是礼法社会。礼法是礼仪制度与法律相结合的概念,融入了哲学家的思想、法学家的智慧和政治家的实践,通过规定人与人之间的关系礼法,来维护一个稳定的社会统治秩序,树立皇帝的绝对权威,杜绝骄臣悍将,从而维护统治阶层的统治。

礼制有其成功之处,也有局限性。一方面,礼仪制度被视为一种重要的社会规范,在维护社会秩序、促进人们相互交往等方面发挥重要作用;另一方面,具有等级观念的礼制人为制造出了人与人之间的不平等,将士、农、工、商等阶层固化,会削弱个体的积极性和主动性,扼杀社会的整体创造性,不符合追求平等、自由的历史潮流。

礼仪制度逐渐演变成种种烦琐的规矩,约束人们的行为方式和生活方式。

朱元璋曾对翰林学士刘三吾等人说:"朕自即位以来,累命儒臣历考旧章,上自朝廷、下至臣庶,冠婚丧祭之仪、服舍器用之制,各有等差,著为条格,俾知上下之分。而奸臣胡惟庸等擅

第五章 大权在握

作威福，谋为不轨，僭用黄罗帐幔，饰以金龙凤文。迩者逆贼蓝玉，越礼犯分，床帐护膝皆饰金龙，又铸金爵，以为饮器，家奴至于数百，马坊、廊房悉用九五间数。而苏州府民顾常，亦用金造酒器，饰以珠玉宝石，僭乱如此，杀身亡家。尔等宜重加考定，以官民服舍器用等第，编类成书，申明禁制，使各遵守。敢有仍前僭用者，必寘之法，成造之人如之。"（《明太祖实录》）

大家为此忙活了一阵子，《礼制集要》于明洪武二十八年（1395）十一月编写成书，共分十三个类目，包括冠服、房屋、器皿、伞盖、床帐、弓矢、鞍辔、仪从、奴婢、俸禄、奏启本式、署押体式、服制，颁布中外。

官员和百姓穿什么、房子造多大、家里用什么装修、生活用什么器皿、使用何种类型的服务员等，都要按照书本上的规定去做，若坏了规矩，就会杀身亡家。这些礼仪制度过度干预社会生活，使百姓没有什么个人自由。

明朝始终没有为胡惟庸平反，清朝人编修的《明史》则把他写进《奸臣传》。

胡惟庸案之所以被定性为谋反，并非完全出于偶然。这种政治大清洗的惯用手段，一般用于清除政治上的反对派，或者有谋反嫌疑的人物。胡惟庸在掌管中书省期间，也确实做出了一些不当行为，例如独断专行、诛杀马夫、腐败等。朱元璋对于权力的掌控欲望非常强烈,因此给他扣上谋反罪的帽子。

胡惟庸被杀虽是他咎由自取,但谋反证据不足,受胡惟庸牵连被杀的大批功臣是无辜的。

捏造谋反的罪名在历史上是家常便饭,一般用于政治大清洗,因此历史学家谈迁认为,胡惟庸不是谋反罪,而是"积疑成狱",疑似谋反的嫌疑越来越多,最后酿成大案。

总之,胡惟庸翻案不太可能,想要确定谋反罪还得靠新的证据。

关于李善长是否谋反,一直争议不断,朱元璋给他扣的罪名是狐疑观望,不举报胡惟庸。

在李善长死去一年后,一位才子解缙起草了为李善长申冤的《论韩国公冤事状》,交给郎中王国用,上书朱元璋,认为李善长是"被谋反"。他写道:"善长与陛下同心,出万死以取天下,勋臣第一,生封公,死封王,男尚公主,亲戚拜官,人臣之分极矣。藉令欲自图不轨,尚未可知,而今谓其欲佐胡惟庸者,则大谬不然。"还说人总是喜欢安享万全富贵,对于希望渺茫的富贵,必定不会心存侥幸。李善长即使帮助胡惟庸谋反成功,得到的待遇,能跟他今天相比吗?李善长难道不知道不可以心存侥幸吗?李善长被扣上这样的罪名,其中必有深仇激变,被人诬陷,以求脱离祸患。连李善长都被杀,他害怕国家会因此解体。

第五章　大权在握

解缙一针见血。朱元璋看了以后，觉得理亏，心里不高兴，只得哑口无言，也没有治罪。

后来，解缙又上万言书。朱元璋觉得他不懂政治，太不识趣，太不知天高地厚，于是把解缙一脚踢出京城，赶回老家，禁止他来南京。

对于王国用为李善长鸣冤，明代思想家、文学家李贽却不苟同，《焚书·李善长》一文认为王国用的观点是在太祖面前隔靴搔痒。李贽认为，李善长不能跟汉代萧何相比，萧何独守关中，数千里输送粮饷、增兵不绝，而他对待刘邦，一言一行非常谨慎、日夜惶惶，以保不掉脑袋。最后仅仅因为为民请命，请求将上林苑中的空地让民众种粮，刘邦就将萧何拘禁，不念故人勋旧之情。相比之下，还是朱元璋更为宽仁大度。但是，李善长眷恋崇贵显要，"借兵夫，起大第，以明得意"。他从一介布衣，达到这么高的职位，还不知足，"得自经死于牖下，千幸且万幸，何足怜"？刘邦大封功臣之日，三杰（张良、萧何、韩信）只封文终侯。李善长又是什么人，竟然据于中山王（徐达）之上？（指徐达封魏国公，而李善长封韩国公，位于诸公之首）李善长应该极力辞封，甘心退让，自处于刘诚意（刘基）之下，则帝必欣喜。"是谓损福以灭祸，灭福以致福，此天之道而人之事也。"

在今天看来，朱元璋杀李善长，理由似乎站不住脚。其实他心里有自己的小九九：不剿灭你淮西集团，我朱家的子孙后代能坐稳大明江山吗？杀李善长，只是杀胡惟庸带来的副产品。

　　本身无罪而被连坐，这样的人应该平反，但真正获得平反的人在明代并不多。

　　明洪武二十四年（1391）冬，朱元璋派遣郭英召唐胜宗的儿子入朝做官。唐家对仕途已经心生恐惧，决定远离官场，拒绝被朝廷征召。朱元璋遂下旨为唐胜宗刊像立庙，纪念他的功绩，等于变相为他平反。

　　大学者宋濂在明弘治九年（1496）获得平反，明孝宗下诏恢复宋濂的官职，追谥为"文宪"。

　　直到南明弘光政权成立，明朝政府才为李善长平反，追谥为襄愍。然而弘光政权昙花一现，其他大员只有少数人获得平反。

附 录

胡惟庸年表

胡惟庸，出生年代不详，定远（今属安徽省滁州市）人。

元至正十五年（1355），胡惟庸在安徽和州加入朱元璋领导的起义军。

元至正二十六年（1366），胡惟庸升任湖广按察佥事。

吴元年，元至正二十七年（1367），胡惟庸贿赂李善长三百两黄金，担任太常寺少卿，不久升任太常寺卿。冬十月，朱元璋改官制，命百官礼仪俱尚左，改右相国为左相国，左相国为右相国。

明洪武元年（1368）正月，朱元璋于南京称帝，定天下之号曰"大明"，建元"洪武"。大封诸将为公侯，部分人被追封为王。同年，御史中丞刘基杀中书都事李彬，与左丞相（正一品）李善长结怨。

明洪武三年（1370）正月，胡惟庸拜中书省参知政事。秋七月，朱元璋提拔杨宪担任中书省左丞，为中书省实际负责人，当月诛杀杨宪。汪广洋回到中书省，任中书右丞。十一月，朱元璋论功行赏，大封功臣。

明洪武四年（1371）正月，李善长退休，中书右丞汪广洋任中书省右丞相（正一品），参知政事胡惟庸升任中书左丞（正二品）。

明洪武六年（1373）正月，右丞相汪广洋被贬为广东行省参政。胡惟庸独专中书省事务。七月，中书左丞胡惟庸升任中书省右丞相（正一品）。九月，朱元璋授胡惟庸荣禄大夫。

明洪武七年（1374）二月，《大明律》修成，颁行天下。

明洪武八年（1375）正月，刘基生病，胡惟庸带医生探视，可能借此机会毒死刘基。

明洪武十年（1377）九月，中书右丞相胡惟庸升任左丞相（正一品），位居百官之首。左御史大夫汪广洋又被任命为右丞相（正一品）。右御史大夫陈宁为左御史大夫。

明洪武十二年（1379），胡惟庸的儿子飙马车而死。九月，占城国使者到南京进贡，胡惟庸不报告朱元璋，被判有罪。十二月，御史中丞涂节就刘基被胡惟庸毒死一案上奏朱元璋，右丞相汪广洋否认知道内幕。朱元璋将汪广洋贬往海南，汪在途中上吊自杀。

明洪武十三年（1380）正月，涂节举报胡惟庸谋反。朱元璋诛杀胡惟庸、陈宁、涂节等。一万五千余人被杀。

明洪武十四年（1381），72岁的皇太子老师宋濂受到牵连，被流放四川，途中死于今重庆奉节县。

明洪武十五年（1382）八月，马皇后病逝。

明洪武十八年（1385），李善长弟弟李存义被人告发是"胡党"。

明洪武十九年（1386）十月，审理林贤案。

明洪武二十一年（1388），蓝玉北征，抓获封绩。

明洪武二十三年（1390）五月，李善长的家奴卢仲谦告发李善长和胡惟庸勾结。李善长上吊自杀。陆仲亨等人被杀。朱元璋肃清逆党。

明洪武二十五年（1392），皇太子朱标病逝，葬于明孝陵东侧。

明洪武二十六年（1393），蓝玉以谋反罪遇害，连带两万人（一说三万余人）被杀。